妖怪谈义

〔日〕柳田国男 著

吕灵芝 张琦 译

西南师范大学出版社

国家一级出版社 全国百佳图书出版单位

◆ 目 录

序 言

也许有人会心生疑惑，为何此时要出版这样一本书，对此我想做几点说明。第一，这是我最初的疑问，同时也是我最初的失望，我曾以为一旦发问必定会有人能够向我解释。小时候我曾问过父母，所幸和那个时代的乡里人一样，对于我的疑问，他们既没有强行向我灌输自己的看法，也没有将其一笑而过。他们的态度与后来的井上圆了①先生正好相反，只回答说："其实我们也不太清楚。不过你只要一直想着这个问题，将来说不定会明白。"然后又给我讲了几个相似的故事。我还在少年时期就拜读过平田老师的《古今妖魅考》，当时的印象就是庙里的和尚肯定不喜欢这本书。再后来，我又搜集了几个关于天狗、狗宾②的真实故事。

川童③在我故乡方言里叫"嘎太郎"④，即川太郎。那时我家住在市川沿岸的渡口附近，从初夏到仲夏都一直听说有川太郎为害，而且这

---

① 井上圆了将妖怪分为实怪和虚怪两大类。实怪之下又分真怪和假怪；虚怪之下又分伪怪和误怪。真怪是超物理的妖怪，宇宙万物，水火岩石皆为妖怪。假怪是自然的妖怪，分为物理的妖怪（人魂和狐火之类）和心理的妖怪（幽灵和附体灵之类）。伪怪是人为的妖怪，即人类为了各种目的编造的妖怪。误怪是偶发的妖怪，比如晚上看到石地藏或枯尾花，被误认为是鬼怪或幽灵。世间妖怪五成为伪怪，三成为误怪，两成为假怪。这三种都能用科学进行解释。而对真怪的研究则有可能探得宇宙的绝对奥秘。——译者注
② 天狗的一种。——译者注
③ 如今多称"河童"。——译者注
④ 原文写作"ガタロ"。——译者注

种话题在小学生中能流行到夏末秋初。如今已经过去了三十年，要说我一直对此念念不忘，是有点夸张。但每逢外出旅行或读书时，我就常常想起那段时光，最后终于按捺不住，在大正三年社会改头换面之际出版了《川童驹引》这么一本古风的册子。如今细想一番，出书的时机虽然没有把握好，但至少起到了保存疑问的作用。还有各地同行的提醒和提供的各种消息才让我免于遗漏一些零散的事实。有好几个事例我一开始只是隐约觉得有所关联，到现在已经可以基本确定了。

比如川童的各种别称，无论在何地，大抵都是河川的孩童之意，其中的河川所指的都是汲水之地或堤坝。在冲绳群岛一带则有着类似于川童的灵物，分别被称作海童和井童①，这样的名称应该暗示着过去海中数不尽的珍宝和陆上积累的财富全都由这两位年幼的神明进行管理。为何日本古书中的生僻词汇，比如一位守护遥远航路同时又出席净化仪式等严肃神事的神明总会用少童这种汉字加以表现？这个问题恐怕也必须得按这个思路才能说明。

这个话题要继续下去，就会渐渐偏离序文的范畴了，但最后我还想再多说一点，就是原本打算要收入此书，后来又删除的撒沙狸的故事。删除的原因比较复杂，就此略过，但故事本身的确令我难以忘怀。那年我应该是十四岁，独自一人住在利根川沿岸的一个小镇上，第一次听这个故事就留下了很深的印象。给我讲故事的是个四十岁上下的女人，虽然她不是那么会讲故事，但是好巧不巧，成为故事关键的那棵树就郁郁

---

① 原文写作"インカムロ"和"カーカムロ"。——译者注

葱葱、孤孤零零地长在我抬眼就能看到的堤岸旁。我每次坐在渡口小屋里，脑海里就浮现出故事里的光景。夏天傍晚，月明星稀，有个人刚好沿着堤岸下面走到这附近，就看到一头小兽窜过堤头跑向岸边。这里有一块五六十米宽的地，上面什么都没种，附近住着一户农家。于是那人便以为是家养的猫，可是那头小兽的举动实在有些奇怪，于是他就放慢脚步远远看着。只见它在浅水里走了一会儿，很快又回到沙地上来回打滚，最后又跑回堤岸上，顺着那棵大树爬到了树梢。那人越来越觉得眼前的动物不是小猫，就蹑手蹑脚地走到树下，没想到此时竟从树上落了一大片沙子下来，不过那个人也是胆子够大，虽然吓了一跳，却没有叫出声来。后来在户川残花①老师编《狸》一书时，我把这个故事作为真人真事汇报了。但如今细细一想，那只是杜撰的故事罢了。

户川老师的大名想必现在还有很多人听过，他是一位将半辈子投身于江户会志事业的老学者，彼时正与纪州的德川侯等致力于现在所谓的文化遗产保护事业。听生物学方面的人士说，本来像狸这样对农耕有益的野兽就不多，又因为诸如"咔嚓山"②这样的故事莫名流传开来，使得农民不喜狸，甚至大量捕食，近几年来狸的数量已经越来越少，而野鼠和虫害也相应地猖狂起来。无论如何都应该让世人理解真实的狸才行！于是在有心人的推动下，最先响应的是几年前成立的著名组织狸之会，参与策划出版了这本珍贵的书。

---

① 原名户川安宅，雅号残花，是幕府旧臣，后接受洗礼信奉基督教，并成为日本基督教会的牧师。老师编著的《狸》书中介绍了与狸有关的故事与和歌。——译者注
② 讲狸到老翁的田里捣乱，被老翁捉住后骗得老妪信任，将老妪杀死后逃跑。后来老翁又找兔子帮他复仇，杀死狸的故事。——译者注

东京以前还曾有过狸房子。我在念初中的时候也与兄长在那样的房子里住了近两年，虽然住得是心惊胆战，可却从未见过什么狸，偶尔能听到二楼遮雨窗发出动静，猛地打开一看却是一只长尾巴的猫咪，兄长还为此写了一首狂歌。如今又过去了六十年，地底下都布满了无数纵横交错的人工隧道。在这样的人类社会里，无论多么有心，无论多么兴致盎然，探究狸的真相的想法终究也只是户川先生的一厢情愿罢了。而且引人深思的是，为何在日新月异的今天，人们还偏生要去相信并害怕那些老掉牙的妖物，有时就算知道那只是谣言或误传，也要散布出去，有时自己都深信不疑，更有人甚至会改编成一个新故事传出去。我们唯独这个旧习气，倒是从来没有想过用舶来的新习气代替。

我从小就在这方面花费了很多时间，如今必须给问题做个了结。我们心中最原始的畏惧究竟是什么？它究竟经过了怎么样的发展，才最终与人类复杂的错觉和戏谑结合起来的呢？多年以来，我们有幸从临近的大国借鉴了不少文化，但不幸的是，这些仍然不足以帮助我们阐明日本的天狗、川童，甚至幽灵等物的本质。如此，我也只能耐心等待日本真正拥有了解自身能力的那一天了。

柳田国男

昭和三十一年十二月

妖怪谈义

一

　　我打算详尽彻底地谈论一下妖怪的话题。皆因这是我们的文化阅历中近年罕有人研究的层面，同时也是一个民族在重新进行自我审视时，能够激发诸多思考的源泉。因此，我希望通过探讨这个话题以窥探普通大众的人生观，尤其是其信仰的发展演变。深入研究这个话题，或许还能让人们认清眼前社会中蕴含的历史性，逐渐养成探究因由的风气，点醒若干执迷不悟的势利之人。

　　我天生喜欢妖怪的故事，并以求知若渴的态度追求着这方面的知识。然而近来我却突然停止这一行为，若究其缘由，一言蔽之，便是交谈对象愈发不尽人意了。首先最常得到的回应，就是对方面露浅笑回问我，妖怪这种东西真的存在吗？其实对方心中早有定论，也很确定我绝无给出明确答复的资格。换句话说，越来越多人并不是真的来找我提问，而是除此之外没有别的话题。至于到了偏僻村落，近来甚至会有人大发雷霆。他们怒目直斥道："怎么你竟然认为俺们还相信那种玩意儿吗？你这是小看俺们乡下人！"既然如此，莫非他们就一点都不害怕了吗？莫非女人孩子在黄昏夜半再也不会被吓得哇哇大叫了吗？非也，我知道的事实恰恰相反。理由无他，正是他们一向所接受的都是不可将内心示人的束缚式教育。这样一来，我倒甚是怀念那个坚决不相信各种妖怪事件以至于铆起劲来展开激烈辩论的妖怪学时代。到底妖怪这东西是否存在并不是太重要。坚信妖怪确实存在的人，以前有很多，现在也没断绝，其中缘由着实难以判明，令人费解。

二

反倒是许多居住在城镇的人能把妖怪说得头头是道，简直令人不可思议。原来实际并非如此，因为他们都无一例外地将幽灵与妖物混同了。幽灵现象在城镇复杂的生活环境中更易发生，再有知情人添油加醋地一说，故事就传了开去，接着开始有人坚信不疑并且惊恐不已，然而当他们同吾辈妖怪研究者交换见解时，多数时候都得不到满意的回答。幽灵现象也是值得研究的问题，而且其最初形式还与妖怪略有一致之处。但到了近世，两者已经全然不同，幽灵在某种程度上来说应该属于寺庙的管辖范围。可以将其称为妖物的尚有人在，但称为妖怪的话则相当不妥。阿岩①和阿累②之所以恐怖正是由于大家对她们本身就有印象，把她们说成是变身之后的妖怪则为不当。所谓变身的妖怪应该是指原来本体不明，遭遇勇士才现出原形的妖怪。而平知盛幽灵之流却光明正大地报上来路名讳，若从另一角度分析，则可以理解为本尊离世之后尚对旧名有所留恋之证据。

妖怪与幽灵之间的区别非常明显。首先，前者出现的场所大抵有所限制，只要避开那些地方便可一辈子都不撞见。与此相反，尽管有人说幽灵无脚，它们却会大摇大摆地主动跑到你跟前来。一旦被幽灵盯上，即便逃出百里之外也难摆脱。我可以断言，妖怪绝不会干那种事。其次，妖怪不会选择对象，反倒会在最平凡的普通人眼前现形，而与此相反，幽灵只会跳出来吓唬被自己盯上的人。因此我们只要行得正坐得端，平生没干亏心事，听到这样的故事觉得吓人或同情对方，却无须担心自身安全。若还有人虽然没有做过招人怨恨的事，走在漆黑的山路上却担心有东西出没，那大概是将这两种东西混为一谈了吧。最后，区分两者的重要一点，是出现的时刻。幽灵大抵要等丑时三刻钟声悄然响过之后才会跳出来敲窗户挠屏风，与此相反，妖怪则并不讲究这些。若是有些道行的妖怪，则不管是白天黑夜都能现身，但一般最常出现的时刻则是入夜或破晓之时。如果选个午时夜半万物沉眠的时刻跳出来，岂不是达不到吓人的目的了？而反观幽灵，则从未听过有哪个是傍晚时分出现的。如此天差地别也能将两者混为一谈，可见其人有多么糊涂。因此对于那

---

① 《四谷怪谈》中惨遭丈夫杀害，化作幽灵复仇的人物。——译者注
② 《死灵解脱物语闻书》中记载的一则故事，讲述围绕阿累这名女性发生的横跨几代人的怨灵诅咒。——译者注

些一提怪谈就大讲特讲身着白衣低垂两手的幽灵的人，我们早已不将其
当成自己人了。

三

　　故而我要谈的妖怪，正是傍晚时分出没的那种妖怪。现今城镇之
人早已不将逢魔时或大祸时这种不吉利的时辰当作一回事。我生在农村，
又在郊外偏僻的部落里居住了很长一段时间，因此对这些多少还有些迷
信。古代日语中黄昏写作"彼谁"①或"黄昏时"②，两者发音由"他
者何人""他是谁"③演变而来，这命名十分有趣，而且我认为其中还
暗含着对妖怪的警戒之意。现在的方言中还有许多类似词汇能够推导出
这类含义。例如甲州西八代将傍晚称为"恍恍惚惚时刻"④，三河北设
乐则称为"哭哭啼啼时分"⑤，此外还有一些地方的说法是"疑神疑鬼"⑥
或"若无其事"⑦，这些词汇有面目不清的意思，并且也有"即使相遇

---

① 原文写作"カワタレ"。——译者注
② 原文写作"タソガレドキ"。——译者注
③ 原文写作"彼は誰"和"誰ぞ彼"。——译者注
④ 原文写作"マジマジゴロ"。——译者注
⑤ 原文写作"メソメソジブン"。——译者注
⑥ 原文写作"ウソウソ"，下同。——译者注
⑦ 原文写作"ケソケソ"。——译者注

也不搭讪就若无其事地离开”的意思。而和歌及说唱故事中使用的“夕纷”（意为日暮）的“纷”（意为混乱）字，也同样暗含深意。此外，至今关东一带还存在“日暮纷”①一词，而对马北部也保留有“纷日暮”②一词。日本东北地方将黄昏称作“没预料时刻”③，是因为此时有天邪鬼④出没。

在农村，到了天黑难以辨认对方面孔时，就得认真地打招呼来互相确认身份。小部落的族人大抵从举手投足就能辨明对方身份，只是随着夜色渐深，也难免会认错人。这时，有人会直接问对方是不是熟人，也有人不管对方是不是认识的总之先礼貌地道一声“晚上好”。若连这声招呼都不打，立马就会遭到怀疑，被当成可疑人士。因此在这种时刻，每当有外人不得不穿过村落时，都会提着一盏灯笼好让人看到自己。更早以前则可能是打火把。外地人不打火就在外面走，即便不是妖怪也绝非好人。由于这种无可奈何的情况，旅途中人在黄昏时分格外哀愁。而现在，城镇里的孩童见到灯笼只会联想到火灾或庆典，要么就是船上的纳凉大会。哪怕是大白天两个陌生人碰到一起，也会“疑神疑鬼”地看对方一眼才走开。看来，妖怪的世界也要发生点变化了。

---

① 原文写作“ヒグレマグレ”。——译者注
② 原文写作“マグレヒグレ”。——译者注
③ 原文写作“オモアンドキ”。——译者注
④ 日本的一种小鬼。——译者注

四

上文提到的外地人在肥前的上五岛一带被称为"没见过的玩意儿"①。这个词现在虽然除了小孩儿之外基本没人用了，但是放在从前那个太平无事的乡野，这种人光是路过就可算是村子里的一件大事。记得我小时候，对"外人"这个词的感觉是不安的。日本西部有个词是"外佬"②。在冈山县也有形容 Stranger 的词汇，当面称其为"哥儿"，在背后也是唤作"外佬"。同样的称呼从备后一直到安昙，或许还要再往西都有出现，其起源却是不甚明了。越中的冰见一带以前把某个贱民部落称为"某氏"③，远江则称其为"法氏"④"发氏"⑤或"发氏苦劳"⑥，三河的低级劳工有时会被称作"法氏"，这些极有可能是从"法师"一词的转音，总之这对孩童来说是一种与普通路人全然不同，几乎可以称得上令人毛骨悚然的存在，并且我认为，至少在中国地区⑦，"外佬"的语义确实受到了黄昏的影响。在九州南部，日向和大隅有一种被称为"羌法氏"⑧的妖怪。据说那是一种呆愣愣的人影似的妖怪，晚上走在

---

① 原文写作"ヨシレンモン"。——译者注
② 原文写作"ボウチ"。——译者注
③ 原文写作"ボーシ"。——译者注
④ 原文写作"ホチ"。——译者注
⑤ 原文写作"ボチ"。——译者注
⑥ 原文写作"ボチロク"。——译者注
⑦ 是指日本本岛西部，包含鸟取、岛根、冈山、广岛、山口五县的一个地区。——译者注
⑧ 原文写作"ヤンボシ"。——译者注

山路上常常会碰到，但凡僧人自缢的地方必定会出现。虽然普通的山伏也可以用"恙法氏"或"恙步氏"①来称呼，但更常用的叫法还是"彦氏"②。

所以黄昏时相遇的路人彼此打招呼并非只是单纯地出于礼节，而是以此证明自己并非妖怪。佐贺地区守旧的人们在叫人时一定会"喂、喂"地叫两声，如果只"喂"一声，对方是不会回应的，因为对方在怀疑你是不是狐妖。冲绳以前有种非常不符合社交常理的习俗，就是叫人得叫第三遍才能得到回应，只叫一声两声人家就会以为这是妖怪在叫他，当然，这习俗仅限于夜间。加贺的小松附近有一种龟怪，有时会变身成小孩子跑到岸上来。如果被问到"你是谁"，回答"哇呀"的一定就是那种东西，而且脚步声听起来也像踩在水坑里。能登的河獭会变成二十岁上下的小姑娘或穿着格纹和服的孩子。被问到"你是谁？"时，人类会回答"我呀"，而它会回答"呃呀"，并且再问"你从哪里来？"，它还会回答一句意义不明的"咯哈"。相传美浓武仪郡的狸会开别人家门说"晚上好"，如果被问到是谁，因为发不出"是我"的音，它就会回答"是呃"，于是就会暴露其妖怪身份。在土佐幡多郡也有类似的说法，问狸"你是谁？"的时候，狸会回答"是喔啦"，因为它们无法发出"我"的音。此时只要再回它一句"喔是什么呀"，它就再也装不下去了。而在人头涌动的大都市里，经常听到"晚上好""您哪位？""就是我呀"的对答，只此寥寥几句就轻易地确定了彼此的身份，这是因为

① 原文写作"ヤンブシ"。——译者注
② 原文写作"ヒコサン"。——译者注

我们都已经熟记了彼此的语音。因此若是生活在方言中把"我"叫成"喔"的地区的人不会随随便便跑到土佐幡多郡去，即使到了那种地方，也很难掩饰自己外人的身份。另外，更偏远的地区还有这样的说法，据说陆中大槌一带的孩童们都知道狐妖变成人形后手腕上没有突起的骨头，所以一眼就能看出来。话虽如此，谁也没有那个胆子去要求疑似为狐妖的人把手伸出来瞧瞧。

五

　　父母们特别担心傍晚还在外面玩的孩子。不过孩子们也都没那么大的胆子，早在蝙蝠还没出洞的时候就一个个乖乖往家走，再贪玩的孩子心里也会等着父母来叫自己回家吃饭。可是在他们中间，偶尔会出现无人来寻唤者。

　　"没爹娘的孩子看落日，爹娘就在落日里"，日本有这么一个童谣。据说有些黄昏后独自回家的孩子会神秘失踪。

　　东京曾经有过"青蛙叫，快回家"[①]这么一句乡间童语，至今仍可在小镇中听到，而在乡间反倒没有人说了。中山德太郎[②]先生曾提到，佐藤岛上有这样一句谚语：落单的孩子是貉孩。这是调侃落单孩子的话，但其中也多少折射出不安的情绪。很多地方把傍晚掠走小孩子的妖怪称

---

① 日语的青蛙（かえる）跟回家（かえる）发音一致。——译者注
② 民俗学会佐渡分会的主要成员之一。——译者注

为"隐神"。冲绳人则将其唤作"物迷",即使在神的土地上也一直为人们所惧怕。丹波的夜久野也有关于隐神的传说,据说如果玩捉迷藏一直玩到天黑就会被隐神带走,若狭的名田庄以及相隔甚远的肥后玉名郡也都有同样的隐神传说。栃木县的鹿沼一带则将其称为"隐坊"①。现在捉迷藏这个词仅指一种游戏,但我认为这个词最初与此种信仰不无关系。秋田县雄胜郡将这种妖怪称为"隐所子",晚上玩捉迷藏的话同样会被隐所子抓走。

在神户市,有人管那种妖怪叫"隐婆"。据说隐婆平时躲在小路角落和房子一隅,一旦有小孩子傍晚玩捉迷藏,它就会跑出来抓人。而岛根县其他地方则管这个叫"子取"。子取本来是指接生婆,却被直接用来当了妖怪的名字。足利时代的《卧云日件录》②还记载了丹波的子取尼,虽说古代也许存在抢夺儿童的团伙,但这种妖怪绝对是纯粹空想的产物。出云的子取尼还会抓小孩子榨油做瓷器,其凶残程度堪比纐缬城③或糖果屋④,在东北地区的"油取"妖怪,在日俄战争时期都是人人恐惧的对象。东京一般使用"人攫"这个简明易懂的词汇,信州埴科一带则普遍称为"袋担",可以想象其背着大口袋行走的样子,要傍晚玩捉迷藏就会被它捉走。多数情况下,这些都是父母被孩子问到时随口起的妖怪名字。我小时候也没少被父母吓唬说你一哭就要被"津津怪"

---

① 原文写作"カクシンボ"。——译者注
② 该书的《应永二十年二月十五日》中提到了"子取尼被搦取云々"。——译者注
③ 日本传说中的深山城堡,里面的人专门骗陌生人服下哑药,然后养肥放血,用来做纐缬染(一种染色布)。《今昔物语》中提到慈觉大师在渡海到唐朝时曾经误入过这里。——译者注
④ 格林童话故事,讲两个被母亲抛弃的孩子在森林中迷路,险些被住在糖果屋的巫婆吃掉,最后打败巫婆的故事。——译者注

抓走，如今细想下来，那不过是夜面摊子的吆喝声而已。但即便这些妖怪是随口胡诌的，还是有点吓人。

<h1 style="text-align:center">六</h1>

很久以前我在《山中人生》中提过，秩父山村在五月收麦子的时候最容易发生孩童神秘失踪事件，而作乱的妖怪就叫作"夜道怪"。不过这"夜道怪"其实是僧人高野圣[①]，虽是个胡作非为的旅人，但实际上也只是普通人类。可是这并不能消解人们心中的恐惧，毕竟小孩子确实是失踪了。我认为还有深层次原因。基本上可以认定，隐神是因为会神不知鬼不觉让小孩子消失才得名的，但说到神户的隐婆和秋田县的"隐所子"，这些名称的来由还有待深究。近来关东一带仍有人会笑称小孩子会被隐座头抓走。也有人说那种妖怪会在半夜踩响春米机，或是把人们放在屋外的簸箕借走，可是从未有人提到它们抓走孩子要来干什么。换句话说，人们只是把儿童的突然失踪事件跟这个名字联系在一起罢了。羽后横手一带所说的隐座头只是没有脚后跟的盲人，未曾有人提过其为害的故事，反倒相传在赶集的日子见到这个座头会得到福荫。据说在北海道江差和松前之间的沿海一带过去曾有隐座头这种妖怪出现，当然并

---

① 高野圣原本是为宣扬弘法大师的信仰而云游全国的高野山僧人，后来开始欺人作恶，有谚语称"莫让高野圣留宿，与女私通没脸面"，后被讹传为一种妖怪——夜道怪。——译者注

没有人亲眼见到过，仅仅是保存着同名的岩洞而已。如此思考下来，"座头"纯属讹传，应该只是上古隐乡①（谐音为"座头"）一词被渐渐讹传成妖怪而已。茨城县等一些地区则传说拾到隐座头掉落的年糕会发大财，甚至还有人专门跑到山野荒草丛里去寻那年糕。然而在临县的芳贺郡一带则流传着隐乡的春米声这个故事，相传偶然听到这个声音的人最后都发了大财。在鼠国故事里也讲到，以前春米是用三根手杵，一边劳动一边唱歌，甚是热闹，那春米声是从地下传出来的。还有一个静年糕的故事，说半夜远方会传来打年糕的声音，有人能听到有人听不到。声音听着越来越远的话就是所谓的静年糕被打走，是家道衰落的前兆，而与之相反，声音越来越近则为被打来，是开运的征兆。甚至有传说称只要听到那个声音的人向背后举起一个簸箕，那里面就会堆满金银财宝。在《诸国里人谈》和其他一些近世见闻录里有不少隐乡的故事，而且全是好事，绝不存在祸害人的故事。只是这些细节内容都被忘却，只剩下名称流传后世时，人们就总要把它和妖怪扯到一起。信仰虽然会随着时代发展改变或更新，但终究不会归于虚无，因为其中必定有些细节会被无意识地保存下来，其中最难消弭的畏惧和不安，经过漫长岁月的洗礼后依旧存在于人们心中，无法释怀。这样一来，如今普遍存在的隐神传说，应该就是其最初的原型消弭之后残存的产物。除了我的方法之外，想必再没有其他更好的追溯方法。

---

① 日本民间故事和传说中的仙乡，远离人间，遗世独立。——译者注

七

人不应该仅凭一两个事实就妄下定论。因此我们也致力于寻找世间是否存在经过同样演化过程的妖怪。其中一个较为类似的例子便是被称为"本所七大不可思议事件"①之一的置行堀怪谈。江户时期有人钓鱼满载而归时听到路边有个声音对他喊"放回去，放回去"，回家一看鱼箱里竟是空空如也。不过这个故事在江户之外却极少出现。经常听说狐狸或山猫会夺走行人手上的食物，却不曾听过它们在阴恻恻的角落里招呼行人。与其说跟人打招呼的妖怪会抢东西，倒不如说它们经常赠人东西。很多故事里都有这样一件事：很久以前有个老实巴交的老头子夜里走在山路上，听到路边总是有声音问"扑过去还是黏上去"，老头烦得不行，忍不住回答"要扑就扑过来吧"，紧接着他肩膀上猛地多了一个重物。老头把那东西扛回家拿到灯下一看，原来是一大口袋金银财宝，于是他瞬间就成了大富翁。邻居贪心老头听说了这件事又羡又妒，也学着他在同样的时刻路过同样的地方，果然听到了那个声音，但是他回答"要黏就黏过来吧"，瞬间就被浇了一背的松脂。这个故事渐渐分化为多种版本，至今仍留存在许多妇孺的记忆中。

每个人自打出生就定下了一生的运程，无法改变。赐予善心之人的

---

① 指发生在本所（东京都墨田区）的七大怪谈。——译者注

福分无论怎么模仿也无法被不诚实之人夺走。硬要模仿反倒会招致灾祸。昔话故事中通常都会灌输这样的思想。故事诚然不可思议，但这与妖怪事件却没有半点关系。因此即便有一天走在极有可能发生这类事件的夜路上也完全不必惊恐。渐渐地这种事情当然很快便不再有人相信，可是有的人又不认为这是彻头彻尾的编造，总会设法保留其中的重点。萨摩的阿久根附近深山中有个叫半助落的悬崖。据说地名来源于明治十年前后发生的一件事。四助和三助是好朋友，一天四助进山遭遇大雨，就跑到一座土坝下面躲雨，突然听到不知何处传来"要塌了要塌了"的声音，可是放眼望去周围却一个人都没有。于是四助便回答："要塌便塌吧。"结果土坝立刻崩塌，他毫不费力地捡到了一大堆山药。三助听说这件事很是羡慕，也学他的样子跑到同一座山上，路过一棵松树下时果然听到不知从何处传来的"要漏了要漏了"。他马上回答"要漏便漏吧"，怎知树上却落下一大片松脂，把三助裹在其中动弹不得。三助的父亲半助打着火把到山上来找儿子，他大叫一声"喂——"，不知从哪也应了一声"喂——"。他走过去点起火把照明，火星却引燃了松脂把三助烧死了，父亲半助震惊之下脚下一滑跌落悬崖，便有了"半助落"的地名。这个词看似来自于历史事件，但无疑是经过改造的民间故事。浓尾一带流传着与这个故事后半部分十分相似的传说。由于同属木曾川沿岸地带，其源头想必都是一致的。尾张的犬山和美浓的太田都流传着一个"动手吧大水"的故事，虽说两地发生大洪水的年代不同，其名称来源却完全一致的。故事发生在一个大雨下个不停的深夜，对岸某个山谷里不断传来"动手吧动手吧"的说话声。当地人都心生畏惧不敢应答，却有一个人不知在想什么，回了一句"要动手就动手吧"，结果水流急剧增大，周边的低洼地带瞬间便化作泽国。另一个异事发生在明治初年入鹿池溃堤的时候，那无疑也是同一个故事的不同版本了。木曾的与川沿岸古时候曾有一百个伐木工人在山间小屋里休息，被山女托梦求他们留下这片杉树林。可是伐木工人还是砍伐了那片树林，很快山里就下起了倾盆大雨，周围陷入了泥泞之中。同样又是到了夜半时分，上游不断传来"要过去啦要过去啦"的声音。小屋里的人不服输地齐声大喊"来呀"，下一刻便是山崩地裂，伐木工人全被暴发的山洪冲走，只剩下一个人活着回来讲述这个故事。故事就是这样被说得越来越吓人了。

八

至今仍有人把传说和昔话混为一谈，但两者的区分实际是很明显的，无论是讲述者还是倾听者的态度也都截然不同。也就是说，讲述者认为昔话总归不是真实的，就会绞尽脑汁添盐加醋，把它说得天花乱坠勾人心弦；而与之相反，传说则是时至今日仍有人相信的事情，也就不能够太离奇，因此每个时代的人都会用自身的智慧和感受对其干涉改造，将不合理的空想剔除出去。妖怪故事就是一个极好的例子，昔话里的天狗、狐、鬼和山姥都略显愚蠢孱弱，而传说中的这些东西则全都异常强悍，令人畏惧。仅从这点看来，近代以后的人们似乎变得怯懦无能了，然而事实上是妖魔的世界变得强大了，这也反映出迷信最后的残余。若过去的人们没有将昔话中夸张的奇迹全盘接受的话，如今也不可能有怪谈在人世间流传。"动手吧大水"的史实也暗示了这一点，此外还有几个相关例证。比如不见踪影，只发声吓人的妖怪中，可以举出越后的"要背背"[①]，或称"背背狐"[②]。那个地区的人几乎都知道这个故事，而且以前故事中的妖怪并不是狐狸。"背背"在方言中是"背负"的意思。南浦原郡流传的故事是这样的：以前有条坏心眼的狐狸每到夜间就躲在路旁发出"背我，背我"的声音，让村庄的行人都害怕不已。后来有个年轻人主动站出来说我去教训它，随后不顾众人劝阻，顶着石臼便独自出门了。很快他便听到"背我，背我"的声音，就毫不犹豫地回答"上来吧，上来吧"。紧接着用绳子在背上捆了个结实回到村里。狐狸挣扎着想逃跑，一口咬向年轻人的后颈，却硬得硌牙。它露出大尾巴求饶，但最后还是被烧死了。昔话最初的版本就是这么粗略的。但在相信此类事物的地区，故事却以更具真实性的传说形式保存了下来。比如，同样在越后地区，古志郡上条村有个出没在大朴树下的妖怪，此物正是狸。一个胆子特别大的青年主动去背了它，不顾挣扎将其强行带了回来，跟伙伴们一起把狸杀死煮了吃，结果凡是吃过那只狸的人全都死了。

　　这两个版本如今同时在日本全境流传。岩手县远野的昔话故事里有一个到山里捕鹿的老翁，晚上住在山脚小屋里，结果发现对面山头有个年轻貌美的姑娘，两手抱着瓢出现，嘴里还唱着曲子："瓢姑娘，瓢姑娘，捕鹿的爷爷快来背。"

---

① 原文写作"バリヨン"。——译者注
② 原文写作"バロウ狐"。——译者注

老翁被逗乐了，回答道："那就快来让我背。"姑娘立刻飞到了老翁背上，可是瞬间又消失无踪。老翁背上却出现了大块黄金，于是他一夜暴富。津轻的昔话故事里则讲到一个强壮的年轻人到山中荒寺去除妖，妖怪出现在本堂的来迎柱下不断对他喊："背我背我。"于是年轻人回答："这么想要人背的话我来背你啊。"妖怪又说："那你背我吧。"说完，年轻人背上突然多了个叮当作响的东西。天亮后打开一看，里面全是大小金币。这个故事听起来也一点不可怕。而罗生门的阿纲，美浓渡口的平季武，以及太平记的大森彦七中有关妖怪让人背的情节却格外吓人。但总的来说这些"要人背"是一脉相承的。最近人们还在谈论这么一件真实故事，说三州长篠的乘越山口相传在傍晚通过时会听到"背我啊，背我啊"的喊声，附近村子里的一个男子听到那个声音后肩头突然变重，一直走到山脚下望见寺院灯火后，才突然变轻了。阿波的德岛市外还有一个叫"背哟石"[①]的著名景点，这也源自上面故事的一个分支，"背哟"在当地方言里便是"背我哟"。众多书籍中的记载都略有不同，但总结下来就是一位叫星合茂右卫门的勇士遇上了这怪石并背了起来，结果背上的东西越来越重，他心生疑惑往地上一摔，石头就碎成了两半，从那以后再也没发出"背哟"的声音。石头就这么留在了路旁。且不论其真伪，但过去的怪谈中的确总会有勇士登场。

---

① 原文写作"オツパショ石"。——译者注

九

诸国的妖物故事都具有一个奇怪的特征，就是那些作乱被镇压的妖怪过一段时间又会跑出来。其中狐妖尤其多，比如信州桔梗原的玄蕃丞狐，艺州比治山的三狐。其他的妖物也不少，虽然岩见重太郎打败山魈的事迹流传甚广，可它们的数量却不见减少。这恐怕是因为传言都有一定的地域限制，而且又无人对它们进行整合，另一个原因就是昔话与传说的对立并存，特别是除妖记属于昔话系统导致的结果。所以说记录很难成为研究问题的资料，毕竟其中绝大部分都是为我们人类的胜利歌功颂德。我认为，对那些出没于日落黄昏的幻想之物的刨根究底，是我们了解妖怪由来的唯一办法。然而，如今我们却身处一个不求甚解的浮躁世道。但我相信，除去那些对妖怪由来毫无关心的人，谁都会为了搞清楚这些而恨不得走遍全国每一个角落吧。

但这件事做起来十分麻烦。因为对方都是些不愿意与我们多说半句话的人，况且各自的经验也十分有限。若仅凭某人某地的说法来妄下定论就难免犯错。综合比较才是最重要的原则。在此我列举一些可供研究的见闻。如今在北九州海上工作的人都十分惧怕一种被称为"勿姑魅"[①]的东西，指的是幽灵船。在不知火湾内也传说在海上死去的人亡

① 原文写作"ウグメ"。——译者注

魂会化作"勿姑魅"，也有说会变成岛屿和汽船等东西让渔夫迷航，还有一种说法是那种东西会突然冒出来找人借"木瓢"，若不把去了底板的木瓢借给它就会被那东西舀水把船沉掉，说得就像东国的海坊主一般。在九州和冲绳一带，海上的妖魔原本被称为"光幽灵"或"底幽灵"。它们会在夜间把海水变得雪白，或制造各种幻象把船上的人吓得冷汗直冒。然而不知何时，那个称呼却变成了"勿姑魅"，有证据表明这其实是"产女"①的转音。可以说，连妖怪的名字都是变来变去的。

十七世纪初期陆若汉编写的日葡词典中已经出现了"产女即日本传说中产妇死后的亡灵，亦称'勿姑魅'"的词条，证明这个词是早已存在的。而它演变成海妖的原因则源自于出云石见一带至今仍流传的说法，称这个怀抱婴儿的妖物多数时候会出现在海岸或沙洲上，估计海姬、矶女也属于同一系统，因此我认为，这是日本非常值得关注的一个尚未得到解决的重大问题。不过壹岐岛的"勿魅"②又略有不同，她会包裹在蓝色火球中飞舞，而肥前谏早一带的"姑魅"只要拍手三次就能起飞，西日本也和东日本一样，陆地上的勿姑魅都是抱着孩子的女性。例如丰后直入郡的某座寺庙入口处，相传会有勿姑魅出没，拜托路人帮她抱着孩子。然而路人一旦同意帮她抱孩子，不久之后怀里的孩子就会变成打稻锤或大石头。在东松浦的山村里，也有传说妊娠的女人死后会变成勿姑魅，一旦帮她抱了孩子，怀里的婴儿都会变成石塔，可是另一方面，又有传说称若有什么想要的东西，只要去求勿姑魅，她就会给你。这点

---

① 假名写作"うぶめ"。——译者注
② 原文写作"ウーメ"，即海女。——译者注

耐人寻味，寻访的范围越广，历史越深入，我们越来越觉得这也许才是勿姑魅的本来使命。

十

山口县厚狭郡一带把产女称为"赤抱女"①或"子抱女"②，并传说她会在傍晚出没于古老道路的交叉路口等位置。其名称应该也是来自于让路人帮忙抱孩子的行为。既然怪化之物的目的是让人畏惧，或是如随笔家写的所谓姑获鸟那样，是要去加害人类的婴儿，那干脆空手出来不是更好行事吗，所以说，她一定要抱着嗷嗷待哺的孩子同时出现，其中必有深意。伊予的越智郡某川经常传说有人把死去的婴孩包裹起来扔到水里，这听起来让人毛骨悚然，不过人们都把偶然从川中传来的婴孩啼哭声称为勿姑魅。

在以前的日本昔话集中曾经提到，产女会授予百人之力。在《今昔物语》中也有替产女抱着婴儿时会觉得怀里的孩子越来越重的细节。至今仍有许多地方流传，如果那人一直坚持下来，产女回来后就会授予他超人的臂力以示感谢，甚至在有的地方还传说产女会赠予大量金银财宝来奖励那个人。虽说并没有人因此就跑去找产女替她抱孩子，总之人们始终相信，产女的目的是考验人们的真心，而不是为了吓唬人。越后

① 原文写作"アカダカショ"。——译者注
② 原文写作"コヲダカショ"。——译者注

的"要背背"狐在三条附近被人们看作幸福和财富的传送者，相传只要有人自愿背负，沉重的负担就会变成装满黄金的罐子。肥后天草岛一带的人们直接将其称为"金主"。据说它会在除夕夜化作武士出现，只要跟它拼力气获胜就会变成富翁，因此它被叫作"金主"。《吾妻昔物语》里提到了一种北上川原的妖怪，被一个大胆的男人抽刀斩断，就"喀啦"一声散落在地，定睛一看竟是黄金珠玉，这个故事也是自古以来就在各地流传。也就是说，勇敢无畏的人在得到福荫成为富翁前，要先被这种精怪考验一番。而那些无论如何都不相信的人就添盐加醋地把这样的故事流传开去了，同时还把其中一小部分不可思议的因缘，以及有可能发生在普通人身上的细节小心翼翼地保存下来，兀自惧怕不已。这种矛盾思维在河童和山男的故事中也能发现。笃信听从的人会得到无限的恩惠，而大多数认为"世界上怎么可能存在妖怪"的人则会被吓得面无血色，甚至晕厥过去。与此同时，内心深处有那么一丝相信的人则会把双方的故事绘声绘色地讲述下去。妖怪乃是前代信仰的残余，这并非我发明的论调。我只是认为，我们不能盲信外国的学者，必须自己分析这些现象，自己解开疑惑。这种故事还有很多，我也准备按照一定顺序慢慢讲述下去。只是不知一般读者的好奇心和耐性究竟能持续到什么时候罢了。

（《日本评论》昭和十三年三月刊第十一卷第三号）

彼谁时

  人们将黄昏称为"雀色之时"的说法不知是始于何时，但这个词肯定是日本人创造的。我们都知道麻雀羽毛的颜色，但想要将其转化为语言时，却又无法形容，而这种感觉恰似傍晚时的心境，也就是说将黄昏称为雀色之时，并不是颜色的缘故。古日语中还有其他契合黄昏时分心情的词汇，比如"他者何人"和"他是谁"。也许是出于同样的心境，人们还将黎明称为"东云"和"稻目"。

  我调查了一下各地人们对黄昏的称呼，发现在加贺和能登人们称之为"立会"，在熊野称为"真素"①，好像有一定含义，不过我觉得还是雀色妙。在信州的松本一带，人们将黄昏称为"哭哭啼啼时"②，再往北走一点，则称为"混沌之时"③，表示天色将要变暗的心境，这也是将感觉转化成词语的例子。在某地人们如果有什么原因不想跟别人

---

① 原文写作"マジミ"。——译者注
② 原文写作"メソメソドキ"。——译者注
③ 原文写作"ケソメキ"。——译者注

打招呼，就会装作不认识走过去，人们将这种情况称为"若无其事"地走过去。在越中离山较近的村子里，人们将傍晚称为"睁大眼"①，是因为黄昏时看不清人得睁大眼。现在富山附近的人们将发狂称为"然然"②，而这个词在古代的意思恰恰相反。《旷野集》中有一句"为何泣不止，青丝风中飘散，亦然然无言，掩面策马而去"，这里的"然然"还是保留了古代的意思。

在尾张的名古屋等地，过去的方言中将黄昏称为"疑神疑鬼"，"猜忌"③这个词在近世是表示一种不好的德行，但在过去的意思与现在的"文艺"一词相近，指蕴含着空想趣味的东西。再说得复杂一点的话，它指的就是现实的原材料，进一步的加工就可以变为经历或知识。从这个意思来说它的发音又可以写成"迁散"这两个汉字。从这个角度我们也能解释"立会"这个词也指黄昏的原因。"立会"指开盘、交易，现在在交易所中也经常被用到。由于在过去只有进行交易时才会与不认识的人见面，此时的心情正如同雀色之时人们要更加谨慎一样吧，于是人们就用这个词代指黄昏。另外，在富山町人们将黄昏称为"立会元"④，在金泽则称为"市暮"⑤。

若能在全国收集到更多资料，对此问题的解释也会愈见清晰。目前通过这些材料几乎就可以推测出过去的人们对于黄昏的概念。有一点

---

① 原文写作"シケシケ"。——译者注
② 原文写作"シカシカ"。——译者注
③ 原文写作"ウソ"。——译者注
④ 原文写作"タッチャエモト"。——译者注
⑤ 原文写作"イチクレ"。——译者注

大家可能没注意到，就是相比现在，在那个穿麻质衣服的时代，很难从人的言谈举止、装扮形态来推测对方是谁。现在可以用木棉做出很细的绳子，不必再将衣服浆得硬邦邦，人们穿着合身的衣服，这样一来很容易就能看出对方身形的美丑，即使距离较远也能认出对方来。而在过去人们几乎都穿着一样的衣服，到了黄昏，人们无法从穿着看出对方是谁。因此要么就不分生疏一律先打招呼，要么就漠然以对，直到来人走到眼前才不得不打招呼。也因为这个原因，很多村外来的人在黄昏的时候都会急匆匆穿过村子。

　　自古以来，送迎旅人和送迎鬼一样，都令人不安，这种不安的表现形式渐渐淡化为一种心情，一到黄昏时分人们就想要站在门口观察路人。孩子们吵闹玩耍着不想回家的时间也是在黄昏，许多年轻人漫无目的地看着天空的时候也是在黄昏。就这样我们逐渐忘却了恐惧，黄昏时分的危险也就随之增加了。

（《五行》昭和五年十一月刊第九卷第十一号）

妖怪古意——语言与民俗的关系

一

日本东北地区的独特之物数不胜数，在语言上，秋田沿海一带的"生剥祭"想必是最主要的代表。过去每到农历正月十四的深夜，村民就会从青年中选出一人身披蓑衣斗笠，戴上吓人的面具，拎着铁锹或菜刀等物，"哐当哐当"地摇晃着木桶到每一家每一户跟主人对话。小孩子们可能会对其敬畏如鬼神，但成年男子多半都在年轻时扮演过此种角色，只将其视为一种严肃的仪式。此仪式可以和南太平洋的诸多岛屿上都存在一种名为"Duk-duk"①或其他名称的神秘仪式细细比较一番，相信已经有人发表过相关研究结果，这里不再赘述。此处只通过这种非同寻

---

① Duk-duk 是一种神秘社团的仪式，在一月上旬举行。仪式的一个月前，岛上长老会通知岛民 Duk-duk 即将到来，令其准备食物。Duk-duk 出现前一天开始，妇女都要躲藏在家中不能出门。人们相信它是从海的另一头过来的东西，因此男人们都会到海岸边等待。不久之后，海上传来鼓声和歌声，很快 Duk-duk 就会现身，两个容貌异常的怪物站在小舟之上手舞足蹈大声喊叫，上岸之后怪物又会不断发出怪异的喊叫声在岛上横行。长老等人将岛民准备的食物送到祭坛，随后开始入社仪式。——译者注

常的仪式来分析其名称的由来，以及语言是如何影响人类的思维范式，并在后世留下难以抹杀的痕迹的。

二

生剥祭直到现在还在举行着。有人认为这种风俗仅出现在八郎泻西岸的村落以及男鹿神山脚下的村庄里。但通过深入比较分析就会发现，这种论断是错误的。如今当地村民也已经说不清"生剥"一词的意思了。不久之前还有"剥火斑"的说法，从下面这段流传至今的歌谣中可以判断，这就是如今所谓的生剥。

正月里来剥火斑，剥火斑；正月里来磨菜刀，磨菜刀；

正月里来煮红豆，煮红豆。

同县的河边郡米川村女米木，以及由利郡大正寺村等地方也存在同样的仪式，也叫作"剥火斑"。"火斑"在秋田方言里是指长时间烤火的人皮肤上生出的老茧，除由利郡以外，别的郡也会使用这一词汇。"火斑"一词虽然从未被收录在任何国语辞典中，但东京一带的人们也熟知这个词汇，另外还有两个同义词①。简单概括起来，就是不劳动

---

① 两个同义词分别为"ヒダコ"和"アマメ"。——译者注

之人的代名词。上文的歌谣便是说这个大年夜造访的可怕妖物会用打磨锋利的菜刀将火斑从懒人身上剥下来跟红豆一起煮了吃。其中虽然带着些许夸张成分，但足以想象这在以前并不单单是用于震慑小孩子。

三

折口君经常说上面讲到的"火斑"跟野草苍耳和腺梗豨莶①有所关联。但我认为即使有也不是直接关系，并且如今也没有确凿证据。"火斑"到了北部地区，由于方言习惯，因此发音也变了。青森县西津轻郡在小正月进行的同样仪式，在当地称为"扒火皮"②或"剥火茧"③。所谓"火茧"跟"火皮"一样是火斑之意，而"扒"④这个动词比"剥"更加贴切，完美表达了将懒惰者扒皮的意思。

在太平洋沿岸也存在着几乎一样的词汇。例如岩手县下闭伊郡的岩泉一带，当地也同样会举行"扒火斑"⑤的仪式。每到正月十四晚上，"扒火斑"就会穿蓑衣，戴护臂，缠蒲草绑腿，穿雪靴，戴上面具挨家挨户去造访，那个面具被称为"火斑面"。九户郡久慈町在小正月也会有一个"天火斑"造访，不过这只是孩子们的仪式，只会叫着"嗬咯咯，嗬咯咯"挨家挨户要年糕，并不会把人家的火斑剥掉或拔掉。对于这些

---

① 发音与火斑相似。——译者注
② 原文写作"ナゴメタグレ"。——译者注
③ 原文写作"シカダハギ"。——译者注
④ 原文写作"タクル"。——译者注
⑤ 原文写作"ナモミタクリ"。——译者注

地域性的差异我并不感到惊奇。毕竟有许多早已被成年人遗忘的仪式，都是靠孩童保留下来的。

同属岩手县的上闭伊釜石附近把上述小正月的仪式称为"扒斑斑"①，并且还分成"大斑斑"和"小斑斑"。"小斑斑"跟上述久慈一带的"天火斑"一样，是孩子们挨家挨户讨年糕的仪式，而"大斑斑"则与男鹿的生剥相似。青年们专门负责挑选神乐面具中最吓人的戴上，然后在蓑衣的腰间捆上注连绳②，走访家家户户。如此比较一番便可发现，这个"扒斑斑"与秋田的"剥火斑"无疑是同一个词。在隔了一座山岭的远野盆地一带，残留着形式一样但是没有确切名字的仪式。不过当地人并不是在木桶里放点东西大声摇晃，而是将小刀放在瓢里摇晃着在村中四处行走。其名称说法不一，然而其真正的名称应该是"扒火方"。让那些只烤火享受而不干活的懒人吃苦头，这种思想应该是出现于中世以后，在不知不觉间扩散到了全国各地，并在彼此不通往来的地域逐渐盛行起来。

四

因此我认为，今后继续探访下去，还会在更多地区发现相似的例子。

---

① 原文写作"ナナミタクリ"。——译者注
② 注连绳是秸秆绳索上有白色"之"字形御币。它表示神圣物品的界限。——译者注

能登鹿岛郡有个习俗，相传除夕夜晚上会出现"剥阿麻"①这种妖怪专门剥人脚皮，因此每户人家都会让孩子早早上床睡觉。当然这种说法多半都是戏谑，但这证明了过去这个地区也曾有过新年傍晚挨家挨户造访，被称为"剥火斑"的妖怪之痕迹。因为这里的"阿麻"也跟秋田一带的"火斑"是一样的意思。半岛西海岸的皆月一带实际上还有一部分地区留有这样的仪式。正月六日的夜里，青年们戴上天狗面具，穿着素袍手执御币，从者三人各自手持小槌或捣杆挨家挨户讨要年糕，这想必也和生剥祭有着千丝万缕的联系。在相当于年夜的小正月晚上，日本的中国地区、四国地区以及其他地区的乡村里至今仍在举行同种类的仪式。只是其名称与奥羽的相差太大，无法简单证实这些仪式属于同一系统。甲州平原的村落中举行的道祖神祭也是由类似装束的人到新婚人家拜访，捉弄新郎来讨酒钱。越后出云崎一带的是戴着狮子面具，所以被称为"狮子舞"，但一边吹着海螺一边形色俱厉地到处走动吓唬小孩子，这点跟秋田和闭伊却是一样的。据说近年由于影响不好，面具已经被禁止了，这样一来就和普通的狮子舞没有什么区别了，可是就连这个，孩子们以前也是又惊又怕的。从前我们就总听大人说被狮子咬一口就能把不舒服的地方治好，所以我们经常好玩儿似的把手伸到狮子嘴里。尽管仪式那天并不是年夜，但这些仪式也和生剥祭一样带有某种意义，在我们的故乡流传至今。

---

① 原文写作"アマメハギ"。——译者注

五

我以前在岩手县沿海旅行时，曾经在闭伊的大槌旅舍里详细打听了当地"扒和斑"①的传说。这里小正月的造访者叫作"蒙故"②"冈剥"③或"扒和斑"。"蒙故"和"颜冒"都是指可怕的东西，那么"扒和斑"又是什么呢？我故意问了老板，四十来岁的旅舍老板表情严肃地告诉我那想必是妖怪，还说这一带都知道"和斑"是很可怕的东西，这一带的人已经不太清楚是否有"扒火斑"前来扒人老茧的故事了。然而被土地遗忘仅仅意味着那个词汇有些古老，并不具备可以下定论的力量。至于"蒙故"或"末故"④，最近也有一帮解读文字的学者一直主张那是"蒙古"的谐音。但这在弘安之役⑤的历史知识普及以前，人们是绝不可能想到，因此可以判断，这种说法还比较新。另外妖怪前来扒人老茧这种事虽然现在广为流传，但最初可能只是某种仪式而已，人们渐渐对此产生了戏剧性的关注，然后才逐渐沉淀为信仰，在此之前，这种仪式的名称也许就是"蒙故"或"末故"。如果这个假设成立，那么如此简单的词汇我们也必须深入探寻它的由来。若不这样，就无法探知历史真相。

---

① 原文写作"ナゴミタクリ"。——译者注
② 原文写作"モウコ"。——译者注
③ 原文写作"ガンボウ"。——译者注
④ 原文写作"モコ"。——译者注
⑤ 即元日战争。元日战争是元朝皇帝忽必烈与属国高丽在1274年和1281年两次派军攻打日本而引发的战争；这两次战争在日本合称"元寇"或"蒙古袭来"，或依当时的日本年号称抵御元军第一次进攻的战事为"文永之役"，第二次为"弘安之役"。——译者注

六

所谓"蒙古高丽"①这个名称在很久以前的中央文献中就已出现，还有很多孩子认为那是一种妖怪，认为"蒙故"就是"蒙古"的解读或许由此而来。然而令我们百思不得其解的是，为什么扒火斑这种充满善意的初春访问者被解释为蒙古国凶寇的说法至今都无人反驳？明明从古至今扒火斑的形式和名称一直没有什么变化，与"蒙古来袭"事件并无关系。日本人对妖怪的观念在极不引人注目的情况下发生着改变，想要阐明此过程，唯有从这两个模糊的痕迹着手。然而在这方面，学者一句的信口胡诹却让众多信奉者人云亦云的例子还有很多。比如《嬉游笑览》及其他随笔中引用的"嘎吾是②元兴寺"之说，第一个提出这种论断的梅村载笔等人就并没有进行过专门的研究，只是有人记住了他们说的话，一辈子也对小孩子说了那么两三次，便流传下来而已。《灵异记》中提到过去大和的元兴寺钟楼有鬼出没，后来被一个叫道场法师的大力僧除掉了，因此管妖怪叫"嘎吾是"，即元兴寺的谐音。正如陆中等地的"蒙故"，若这个妖怪不是头一次出现在日本，那么将其命名或改名的必定是学者和见多识广之人，这都是我们难以想象的。简而言之，这就是在

---

① 该词由来于镰仓时代蒙古高丽大军进犯的史实，后来演变为长辈为了吓唬孩子而编造的形象模糊的妖怪名称。——译者注
② 原文写作"ガゴゼ"。——译者注

没有质疑之人在场的情况下提出的假想而已。对于语言，若不站在使用者的土地上进行思考，就绝不可能了解其起源。就如方才提到的"蒙故"，其实也是妇孺口中的词汇。

七

遥远的上古历史我们无法完全了解，那时无论男女老幼都对看不见的神灵心生敬畏，并将其通称为"物"。冲绳至今仍在使用"真物"这个词，而内陆流传着"化物"①这个词。后来在真正惧怕这些的人中又开始出现一些更为确切形象的词汇，这演变合情合理。"嘎吾"和"蒙故"这类词汇对现阶段的使用者来说合理又能表达一定含义，因此至今在日本都被广泛使用。

关于这个，之前我已经撰写过相关内容，这里仅就其分布状况进行一个粗略的叙述。有关妖怪的儿童用语在全国大体分为三个区域，各个区域之间也存在细微的差异。根据最近的实际情况，"蒙故"的方言区域远比东北六县要广泛得多，岩手和秋田二县最近更多称其为"蒙子"②，外南部还有称为"阿末故"③的，而山形县各郡则一致称其为"蒙"④或"蒙故"，仙台原本也使用"蒙咔"⑤，福岛县的岩濑郡等地则使用

---

① 即"怪化之物"。——译者注
② 原文写作"モッコ"。——译者注
③ 原文写作"アモコ"。——译者注
④ 原文写作"モウ"。——译者注
⑤ 原文写作"モウカ"。——译者注

"麻蒙"①，可见这一词汇虽然发生了细微变化，但这一带基本是相通的。至于在日本海沿岸，越后是"末可"②，出云崎附近是"末子"③，这些名称甚至在富山县北部也有流传。在石川县，金泽使用"蒙咔"，能登则有"蒙"和"蒙毛"④两种发音。这些相似的叫法的确很难用"蒙古"一说来解读，也很难判定那是独立生成的特例。

接下来到信州，长野一带尚未调查出来，不过犀川上游的盆地一带说的是"末克"⑤或"末末克"⑥，天龙水域则使用"蒙末"⑦，甲州也同样如此。根据内田武志的《方言新集》记载，静冈县主要流传的是"末蒙伽"⑧或"末蒙吉"⑨，这使我偶然得到了"末蒙嘎"⑩也属于同一系统的证明。

八

至于为何妖怪会被称为"蒙"，我曾经做过一个比较傻气的实验。在许多青少年同席的场合下，我试着问过这样一个问题：妖怪是怎么叫

---

① 原文写作"マモウ"。——译者注
② 原文写作"モカ"。——译者注
③ 原文写作"モモッコ"。——译者注
④ 原文写作"モンモウ"。——译者注
⑤ 原文写作"モッカ"。——译者注
⑥ 原文写作"モモカ"。——译者注
⑦ 原文写作"モンモ"。——译者注
⑧ 原文写作"モモンガー"。——译者注
⑨ 原文写作"モモンジー"。——译者注
⑩ 原文写作"モモンガ"。——译者注

的？东京的孩子们对此全无头绪。因此他们在吓唬小伙伴的时候都会摆出奇怪的动作，怪声怪气地叫"妖——怪——来——啦——"或者故意把尾音发得浑浊不清。换句话说，就是用自以为最可怕的腔调报上名字。可是某个信州的年轻人却对此做出了十分简洁明了的回答："我会大叫'蒙'。"于是我反问："那好像牛叫啊。"青年又答："除此之外我想不到别的叫声。"后来我便时常把这件事挂在心上，有好几次都发现小孩子假装妖怪时发出了"蒙"的叫声。这是随便什么人都能进行的实验，若出现几个东北地区的"蒙故"发出别的叫声的例子，就能轻易推翻我的论断。我的推理不一定就是正确的，但好些地方都是以妖怪的叫声来为其命名的，这与用狗"汪汪"叫的声音给狗命名是一样的道理。

而有的地方也把"汪汪"用作了妖怪的名称。例如筑前的博多一带，妖怪在儿童用语中就是"汪汪"，同样在嘉穗郡则称为"梆梆"①，肥后玉名郡称为"呜汪"②，萨摩虽然另有"嘎末"③这种叫法，可是大人在吓唬小孩子时却会说："汪要来了！"在这些地域进行实验十分方便。若妖怪出现时不是"汪汪"叫的，想必也不会生成这样的名称。因此我们奈良时代的"嘎吾是"也应该进行一番探究，查明那是否也是根据出现时的叫声来命名的。据说我的故乡播磨一带以前也曾使用过"嘎吾是"这一名称，只是到了近代早已无人那样说。京都虽然在历史文献上有所记载，现在也已经不使用那种名称，而据说是起源之地的北大和

---

① 原文写作"バンバン"。——译者注
② 原文写作"ワワン"。——译者注
③ 原文写作"ガモ"。——译者注

如今也只说"冈吾"①。不过我认为，这里的接尾词"是"应该与东北地区的"故"不一样，并非偶然接上去的。四国的阿波一般使用"嘎吾似"②或"冈吾似"③，伊予则存在"嘎吾"和"嘎嘎末"④两种叫法，周桑郡的儿童用语把"鬼"说成"冈吾魈"⑤。相隔甚远的关东水户附近使用"冈吾似"或"冈吾魈"，与其接壤的下野芳贺郡也将其称为"冈吾吉"⑥。由此可以推测，那个毫无理由、牵强附会的元兴寺一说之所以会出现，正是因为早期妖怪名称的发音与之类似。

九

将妖怪称作"嘎吾"或类似发音的区域与称作"蒙故"的区域在地理上几乎是完全隔离的。仅有一个地方或许是例外，那就是越中，但此地的两种用法多半也处于对立状态，而不是同一地区同时存在两种说法。而且此处的麻雀、螳螂以及蜗牛等方言也都表现出奇特的异种语言混杂现象。根据大田君的《富山近在方言集》所述，吓唬幼儿时会说："再哭就要'蒙末'来咬你哦。"但那似乎仅限于新川郡的平原地带，到了

---

① 原文写作"ガンゴ"。——译者注
② 原文写作"ガゴジ"。——译者注
③ 原文写作"ガンゴジ"。——译者注
④ 原文写作"ガガモ"。——译者注
⑤ 原文写作"ガンゴチ"。——译者注
⑥ 原文写作"ガンゴジー"。——译者注

五箇山村地区则另有一个名称叫"噶宫"①。也就是说，该县只有内陆地区属于这一系统，呈现出近乎孤立的状态。然后到了相隔甚远的关东常野境上一带则使用"冈吾似"，与其南面相邻的新治、稻敷等诸郡则存在"吾克"②一词。目前我尚未将其在这一地区流传的具体版图调查清楚，总之这个系统在如今流传的范围并不广。值得注意的类似词汇倒是出现了更遥远的地方。山口县的山口和下关都把鬼和妖怪称为"宫吾"③。石见地区有儿童将其称为"宫"，此外还有"宫吾似"④或"宫宫似"⑤这样的词汇来形容可怕的人或物。换句话说，这个地区与常陆一隅有着同样的词汇。而且此处还与九州北部及四国岛东北两方面接壤。上文已经提到阿波的"嘎吾似"，赞岐一带尚未进行过调研，伊予则在使用"冈吾魖"，此外，喜多郡等地也存在"冈吾"这一名称，可是南面的宇和四郡却独属于第三个"嘎嘎末"体系。九州方面，筑前称为"梆梆"，跳过此处到肥前的佐贺、藤津二郡则在使用"冈吾"或"冈乌"⑥，对马同上，而肥后南端的球磨郡则存在"嘎乌"⑦的名称，翻过山岭来到日向的椎叶村，又能听到"嘎吾"或"冈吾"的用法，大分县有许多地区也存在"冈克"⑧的名称。如此大范围的一致，着实让人难以质疑其起源的同一性。

---

① 原文写作"ガーゴン"。——译者注
② 原文写作"ゴッコ"。——译者注
③ 原文写作"ゴンゴ"。——译者注
④ 原文写作"ゴンゴジー"。——译者注
⑤ 原文写作"ゴンゴンジー"。——译者注
⑥ 原文写作"ガンゴウ"。——译者注
⑦ 原文写作"ガゴウ"。——译者注
⑧ 原文写作"ガンコ"。——译者注

十

此时还有一个值得重视的问题，就是这与东日本一带的"蒙故"或"末蒙嘎"是否有渊源。我认为它们应属同源，当然这也需要实验来证明。我相信现在还是能找出几个孩子或孩子气的人认为妖怪就是那样叫的，如果找不到，那就意味着我的假说会被推翻，但我想可能性不大。如今意为"妖怪"的方言中还存在第三种以 g、m 二音组合的词汇体系，其分布范围更为广泛，而且元音很明显与前二者是共通的。将这一体系放在二者中间考虑，就能大致看出发音变化的轨迹。虽说略显夸张，但为了方便日后追加，请各位读者原谅我采取表格的形式进行表述。目前为止，我的笔记中仅存有十余个例子，但今后预计还会有所增加。

鹿儿岛县	嘎末（ガモ）、嘎末津（ガモジン）、嘎吾（ガゴ）
出云	嘎嘎麻（ガガマ）
加贺河北郡	嘎嘎末（ガガモ）、蒙可（モウカ）
备后福山	嘎蒙似（ガモージー）
同西宇和郡	吾嘎蒙（ゴガモウ）
伊势宇治山田	嘎末氏（ガモシ）
长崎市	嘎末角（ガモジョ）、阿末角（アモジョ）
伯耆东伯郡	嘎嘎麻（ガガマ）
飞驒一圆	嘎嘎末（ガガモ）
伊予喜多郡	嘎嘎末（ガガモ）、冈吾（ガンゴ）
纪州熊野	嘎末魑（ガモチ）

如上记诸列中的备后和长崎等地在词尾加上与元兴寺同样的音节之词，我认为绝大部分是有意义的。我们心目中的妖怪似乎曾经在某个时代是张开血盆大口，突然跳出来操一口中世时代的口语说"我要咬你"的。为了把那个声音表现得更加令人恐惧，在我国就必须将 k 音发成 g 音，甚至有时连那个 g 音也要吃进去一半才行。套用到现在的"嘎末"或"嘎嘎末"上，结合历史进行思考，也并非牵强的想象。我们小时候管妖怪叫"妖怪蒙"或"嘎吾是"，但唯独昔话里的妖怪却是略显古风地喊着"抓来吞噬"出现。其中的"吞噬"有大口吞食的意思。这种用法至今仍在南部岛屿可以见到。后来这个词在演变中又渐渐除去了吞咽的动作，但人们在日常生活中尽量将其与"食"或"吃"一类的词区别开来。这就和关东地区经常听到的蚊子"叮"和狗"咬"的区分是同样的用意。

十一

即便是非语言的鸟鸣兽吠，我们都会不自觉地认为其中必定存在含义。例如猫头鹰的叫声是"浆洗了晒干"[①]，画眉鸟的叫声则是"兄足下拜启"[②]。更何况怪物本身就是人类幻想的产物，其叫声从一开始

① 原文写作"糊つけ乾せ"。——译者注
② 原文写作"一筆啓上仕り候"。——译者注

就应该被赋予了含义。并且有趣的是，以前的人们对这个叫声并没有过于庞大而繁杂的要求。"吃了你"有可能只是想象中，并没有"咬"的意图，而是与"红豆煮好了吗"一样，这句恫吓实际只是为了震慑对方使其畏惧。这个叫声的语义渐渐湮没在历史中，反倒是其语感渐渐发展起来，正如现在小正月出现的生剥和剥火斑一样。"吃了你"之所以会演变成"蒙"，说白了便是语调的问题。东北地区与西南地区不同，通常会将第一音节的 ga 弱化发音①。这样一来也使得"蒙古人"这类新说法更容易出现，甚至让人思考出将亡灵唤作"蒙空"②的新词。妖怪与亡灵本就不是同类，但在相信亡灵出现时也会大喊"蒙"的奥州和信州一带，则将其理解成了"亡魂"这种介乎于两者之间的妖怪。这样一来，冥界的危险也就越来越为人们所畏惧了。这一混同对日本固有信仰来说，可谓是一种有害的现象。

再从这一国度的语言学角度来分析，其中也包含了日本独有的珍贵史料。陆中的上闭伊等地将妖怪称为"蒙故"，同时也流传着西国传过来的"冈剥"这一名称。在第二音节加重发音的方法也并非最早的做法，可以想象，这一带最初是将重音放在第一音节上的。由于"嘎乌"这一词汇被记载在稍早以前的文献中，说它是至今仍在边境地区使用的"嘎蒙"③一词的音讹有点难以令人信服，对此，我有非常简单的解释。后者作为日语存在一定意义，而前者则是毫无意义的发音。我认为，既

① "吃了你"在日语中是"カモウ"，前个音节"カ"弱化之后的发音"モウ"即为"蒙"。——译者注
② 原文写作"モウコン"。——译者注
③ 原文写作"ガモウ"。——译者注

然是在人们空想中诞生的词汇，包含一定意义的一定出现时间较早，而随着语音习惯渐渐转变定型下来之后，才有可能出现前者的音讹。如今保存在日本各处的"嘎吾是""冈吾似"这类令人百思不得其解的接尾词中就能看出这样的痕迹。因此不能毫无理由地断定自古流传的词就是正确的语源，同时在音韵的发音变化一直顺着某种倾向发展时，也经常会受到所谓社会性原因的影响，故而不能简单地将音讹这一过程归结为单纯的心理作用。今后学者们终究会发现可以说明以上问题的原理。这问题乍一看琐碎无聊，实则不然。

十二

"鬼"这一日语词汇的古义与后来的意义决然不同。将其混为一谈才导致我们的"鬼思想"渐渐出现了混乱，关于这一点，白鸟博士等人发表过非常有利的论著。同理，将方言里的"蒙故""嘎吾是""嘎末角"①等词直接对应为标准语中的妖怪或怪化之物，也相当于一口气跳过了常民②信仰史中好几十页并不算直观的内容，让人内心难以安定。虽说方言迟早会消失在历史长河中，但在它们尚存在的时候，却必须对其进行观察研究。并且我认为，探寻其中意义便是一门学问。换句话说，

---

① 原文写作"ガモジョ"。——译者注
② "常民"是民俗学术语，指保持了民俗传承的人，由本书作者柳田国男第一个提出。其意义接近于"庶民"，但柳田本身也没有给出确切的定义。——译者注

民间所流传的妖怪传说故事至今仍为我们提供着若干值得参考的要素。除却含恨而终死后也要复仇的亡魂之外，其他妖怪并不害人。可怕固然是可怕，可是人们一旦尖叫着逃跑，它们的目的似乎也就达成了。无非就是坚称世界上根本不存在妖怪所以没必要害怕的人，到最后会倒个大霉而已。而且有时候产女会给替自己抱孩子的人授予无穷力量，水精又会借许多碗碟给遵守约定的人，诸如此类，凡是承认他们的威力并顺从其命令的人就能得到莫大的恩惠。这种信仰进一步发展，就有了看似妖怪幻变的东西其实是埋藏于地底的金银财宝的故事。由此可见，妖怪的存在绝不是为了给人造成损害。它们的目的简单说来就是对方的认可或屈服。因此自古以来在信仰发生迁移变化时这种社会现象格外多发。在日本东北各地农村，一家之主都会神色肃穆地接待年夜造访者，而扮演这一角色的年轻人也都怀着严肃的善意，尽管如此，它却逐渐演变成了单纯的剥火斑者，或是用妖怪的名字来称呼。由此我们可以看出，这其实是即将湮没在历史中的前代神明的残影。他们的目的只是惩罚那些不敬畏自己威力的人而已。因此在其行动中存在着"恫吓"这一过程。虽然嘴里喊着要咬你，实际却不会咬。因为只有蒙在鼓里的未成年者对此一无所知，才会表现出极大的恐惧。而且其后信仰还在继续变迁，如今只有在最为年幼的儿童中间还残留着一丝痕迹，而另一方面，年长之人则想方设法编造出可怕的妖怪形象，好让其信仰者世世代代传递下去。随着年龄增长，妖怪故事越来越恶毒，这一现象细细想来，却也能窥见人类奇妙的内心世界。

附 录

从现存的复合词汇中可以窥见，意指妖怪的方言在不同的土地上始终保持着变化。例如东京现在统一将其称为妖物，而扯眼角扮鬼脸的动作在关西也只剩下了"鬼眼儿"①一词。这里的"鬼眼儿"意指眼睛里的妖怪，专门用来形容故意瞪大眼睛扮鬼脸的样子。下野河内郡等地则把眼皮里长出来的麦粒肿称为"目嘎吾"②或"目介吾"③。这应该也是目妖之意。仙台一带的妖怪叫声是"蒙咔"④，而"隐鬼"⑤的游戏则被称为"隐咔吾"⑥，浜荻一带把栖息在水中的源五郎虫⑦称为"嘎虫"⑧。这里所说的源五郎虫可能是田鳖的误认。由于虫子在水中的举动十分诡异，便将其冠以妖怪的名字，这样的例子在备前丹后以及其他地区都出现过。鹿儿岛县的种子岛等地貌似至今仍把妖怪叫作"嘎末"⑨，唯独田鳖却随了东北的叫法，被叫作"保宫"⑩。顺带一提，田鳖的"鳖"

---

① 原文写作"ベッカコウ"。——译者注
② 原文写作"メカゴ"。——译者注
③ 原文写作"メカイゴ"。——译者注
④ 原文写作"モウカ"。——译者注
⑤ 将"かくれんぼ（捉迷藏）"与"鬼ごっこ（你追我逃）"结合起来的游戏，藏起来的人被找到后，只要不被碰到还是可以逃跑。——译者注
⑥ 原文写作"カクレカゴ"。——译者注
⑦ 源五郎虫实为龙虱，而妖怪故事里的源五郎虫则是栖息在水中，专门拖走下水之人吸血食肉的妖怪。——译者注
⑧ 原文写作"ガムシ"。——译者注
⑨ 原文写作"ガモ"。——译者注
⑩ 原文写作"タモツコウ"。——译者注

也并非水龟，而是公认的一种水中妖怪的名称，也有可能是从"嘎末""嘎嘎末"这些词讹变过来的。

再接下来，丰前附近管冰凌叫"蒙冈宫"①，这应该也是同一词汇的应用，而北九州基本不用"蒙"这个词了。将植物的畸形唤作"化化"之类名称的例子在东京附近时常能听到，其中最常见的应该是山药的珠芽。加贺现在属于"蒙咔"地区，唯独珠芽被称作"冈吾"，越中各郡以及飞骅也将其称为"嘎吾角"，不过到了袖川村等地则变成了"嘎门角"②。九州的丰后、筑后、肥前等地都称为"咔吾"③，唯独浮羽郡的吉井称之为"山药堪吾"④，壹岐岛将其称作"药咔吾"，广岛县部分地区则称为"目咔吾"。而"木咔吾"的"木"指的应该是马铃薯。一些古文献中也出现过"奴咔吾"的表述，这一词汇原本来自于妖怪"嘎吾"，将其恢复到优雅的"咔"音之后形成的，该结论也可从其他例子中推导出来。过去将妖怪称为"嘎吾"的地区应该比现在还要广泛。岩手县的"蒙咔"地区之所以会混杂着"冈剥"的叫法，同样不难想象那是因为这些地区发生了时代的变化。

（《国语研究》昭和九年四月刊第二卷第四号）

---

① 原文写作"モウガンコ"。——译者注
② 原文写作"ガモンジョ"。——译者注
③ 原文写作"カゴ"。——译者注
④ 原文写作"ヤマイモカンゴ"。——译者注

妖物之声

一

最近盛冈准备创办一本专门研究妖物的杂志。宫崎县的《乡土志》资料也从上个月开始连载本地区的妖怪目录。妖怪无疑是古代社会的一个缩影，而最近终于有人表现出了深入研究的态度。在我看来，有许多人眼中颇为新鲜的问题，大抵在从前就已经有人探讨过。现在所谓特别新颖的问题，想必已经是不存在了。倒不如说以前一直被忽视的实例得到了重新审视，那些早已被人遗忘在一边的事实又不断引发了新的问题。从这个意义上来说，妖怪之类也着实属于一个崭新的体系。比如世界上还存在许多人，一旦听我们说出自己对此抱有兴趣，马上就会联系到"那东西到底存不存在"的话题上去。这种只从单方面思考问题的人其实也为现代保留了许多很有意思的研究题材，时代发展到现在，新的怪谈和观察的研究已经呼之欲出了。

二

最初的很长一段时期内，那些所谓的正经人士很可能会对这样的研究不屑一顾。不过只要那些悠闲自在的孩子和老人家愿意加入我们，这样便足够了。似乎任何事情只要尽量把目标单纯化，尤其是从最实际的日常言语中着手研究会更为方便。我曾经将一些拥有共同兴趣的年轻人聚集起来，对"妖怪的叫声"进行了一场比较研究。东京一带的孩子们在吓唬别人时一般都会大张着嘴，竖起十根指头贴在脸上，怪声怪气地叫："妖——怪——来——啦——"但我认为这是进入近代以后的改造。因为"妖物"这个日语词汇本身历史并不久远。从关东附近的县直到奥羽北陆一带的广大地区，更多人认为妖怪应该像牛一样"蒙"地叫。想必没有人思考过其中缘由，可是但凡人类创造出来的东西都不可能毫无缘由。若至今仍无法解释，那就意味着其根源处还存在着许多有待探究的事实。

正如多数动物都被以叫声命名，在妖怪的叫声是"蒙"的地方，大抵也是以相似的词语来称呼的。例如秋田的妖怪是"末可"，外南部则称为"阿末故"，岩手县中部则称为"蒙故"，再往沿海一带去就被称为"蒙子"或"蒙故"，甚至有人提出，那是过去遭受蒙古人侵略时出于恐惧而出现的叫法。可是人类的言语从来不会遵从那些学究气的意见，一旦换到另外的土壤上就会毫不犹豫地发生变化。仅看我们已经调查出的结果，首先在福岛县南部就存在"麻蒙"①的叫法，越后吉田地区则称为"末克"，出云崎称其为"末子"，越中的入善地区也称为"末子"，加贺的金泽一带叫作"蒙咔"，能登存在"蒙末"和"蒙"这样的叫法。就连信州的伊那也一般称其为"蒙末"，南安县的丰科则称为"末咳"，松本市说的是"末末咔"。从这一点上展开思考，江户把鼯鼠说成"末蒙嘎"，然后可能有转而将普通野兽的肉也叫成了"末蒙吉"。上总的长生郡一带至今在说的"门门迦"②，大家都知道是妖怪。

三

妖怪的地方名称大体概括下来分为三个体系。其中之一分布于九州四国岛近畿地方，主要由"嘎"开头的夸张发音组成。在鹿儿岛主要是"嘎吾""嘎末"或"嘎末惊"③，肥后的人吉一带则是"嘎呜"或"嘎吾"，日向的椎叶山则是"冈吾"，佐贺及其周边地区是"冈宫"，周防的山口地区是"宫吾"，伊予的大洲附近则是"嘎嘎末"或"冈吾"，而西条也同样使用"冈呜"。

在对马，人们把小孩子用双手小指头扯起眼角扮鬼脸的行为叫作"弹乌"④，据说也有说成"冈吾目"⑤的。由此我想到，东京等地的"鬼

---

① 原文写作"マモウ"。——译者注
② 原文写作"モンモンジヤ"。——译者注
③ 原文写作"ガモジン"。——译者注
④ 原文写作"タンゴウスル"。——译者注
⑤ 原文写作"ガンゴメ"。——译者注

眼儿"本来也是"目嘎克"[1]，据说意指妖怪的脸。而且孩童们的"咔吾目"游戏里也出现了"什么时候出来呀，黎明前的黑夜里"的歌词，因此游戏时的举动或许原本就是被妖怪围在中间匍匐在地的动作。奈良形容妖怪的词汇有"冈吾"，越中和富山周边，以及五箇山等地则称作"嘎阿吾"[2]，茨城县等地也残存着诸如"吾克"[3]或"嘎吾似"这样的词汇。而将这些词汇与大和的元兴寺故事结合起来，将其作为源起，不过是某些人翻完书后灵光一现想出来的毫无根据的臆断罢了。

接下来的第三个体系是"蒙"和"冈吾"结合的产物，九州有萨摩的"嘎末"以及长崎的"嘎末角"，除此之外，纪州的熊野存在着"嘎末魃"[4]，飞驒一般使用"嘎嘎末"。我认为这一体系应该是最古老的，其他两个体系则是从中分化出来的，也就是说，一开始人们普遍认为妖怪出现时会大喊"咬你啊（音同"咔蒙"）"，自然而然地就将这种叫声直接用来给妖怪命名了。后来人们对妖怪的恐惧越来越淡化，光是"咬你啊"已经不足以惊吓他们，若不把台词换成"抓来吞噬"，人家根本不把它当成妖怪。于是人们开始把"咔蒙"当成无意义的符号，如同我们现在使用的固有名词一般随意改变其形态。而且仅凭这单一词汇，依旧能从中推测出以前人们对妖怪的感觉。

（《家庭朝日》昭和六年八月刊第一卷第六号）

---

① 原文写作"目ガッコ"。——译者注
② 原文写作"ガーゴン"。——译者注
③ 原文写作"ゴッコ"。——译者注
④ 原文写作"ガモチ"。——译者注

附 记

《家庭朝日》这本杂志以前是免费发放给订阅了朝日新闻的读者的，其总编名为津村秀夫。如今已经极少有人保存这本杂志，甚至《朝日新闻》自己的报社里都没有存货。所幸奈良的水木直箭先生手头存有一本，我便找他借来誊写了一份，仔细一问，原来水木先生也是从八户的夏堀谨二郎先生那里得来的。内容虽与《妖怪古意》存在重复，但毕竟令人感怀当年，遂加入书中。

幻觉的实验

这是四十八年前的实验，我不会有意撒谎，不过因为时间久远，我心里也有些没底。在此我只是想将这件事作为一个参考，尽可能如实地记录下来。通过这一系列的事实，可以客观地看出在过去人们所能相信的范围要比现在大得多。

具体是哪一天我已经不记得了，我十四岁那年春天，某日上午十一点左右，我在下总北相马郡布川町高台东南麓的哥哥家里，一个人在院子里玩沙子。哥哥家的院子在通往山冈的小路旁边，仓库前面有六十余平方米的空地，空地中央有两三棵树，树下朝南立着一个小的石祠，听说祭祀的是这家里上上代主人的母亲，这位母亲是活到了很大年纪后才去世的。当时的我很淘气，趁着大人都不在，我悄悄打开了祠堂的石门。祠堂里面既没有供神的币帛，也没有年糕，只是在正中央的地上嵌着一个直径五寸的石球。我当时觉得很奇怪，不过因为自己本不该打开门看的，所以也没敢问其他人这里面有什么讲究。后来凡是听到有关这位母亲的事情，我就特别在意。后来，我听说不知为何这位老人生前始终抱着一个球形蜡石，即便是卧床不起后，也仍然抱着这个重物，不断抚摸。通过这个我能猜到应该是老人死后人们将这块球状石头供奉了起来，不过后来我再没有机会进一步确认这件事。

如今回想起来，这件事无形之中给当时还是少年的我带来了深深的触动。在那之后半个月或是三周后的一天，又发生了一件事。这天我并没有想关于那石球的事情，只是觉得无聊，就用小手锹在祠堂前面挖土玩儿。就在挖了两三寸时，我发现了一些亮闪闪的东西，仔细一看，是中间带孔的钱币，背面刻着"宽永通宝"的字样，一共有七八个。当时还在通用这种钱币，因此倒也不是什么稀奇之物，只不过它们出现在土里，而且好像是被特意打磨过一样，非常漂亮，所以我当时高兴得无法言喻。

当然这也是因为我当时读了很多复杂的书，知道在江户时代人们曾在多处发现过埋在土里的金银或古钱，在书中读到这个的时候我激动不已。不过当时我不知道有动土建屋仪式时要用到钱币的风俗。这个钱币可能是在修建土藏菩萨时埋在地下，后来修建石祠时被翻到上面来的，也可能是进行什么秘密法事时埋进去的，不过这些都是我后来的猜想，当时的我完全没有想过这些，只是茫然不知所措。而就在发现这些钱币之后，我出现了幻觉，至今我也不知道发生幻觉的原因。当时我蹲在地上，扭头往东面的天空看去，现在我仍清楚地记得那片天空非常清澈晴朗，而在距离太阳十五度左右的地方，我看到了数十颗昼星，对于那些星星的排列形状，我也记得很清楚，我不敢说这有没有受到我后来的想象的影响，不过我可以肯定的是我确实在白天看到了星星（我还记得当时有白头翁在高处啼叫着飞过）。由于我当时觉得这个事情非常神秘，所以之后的几天内没有跟任何人提起这件事，只是在心里认为在一定情况下是可以在白天看见星星的。后来我把这件事讲给跟随父亲学医的人们听，大家都笑着说不可能有这样的事情。也有人问到底是什么样的星星会在白天也看得见，于是我找来初级的天文学书，结果自己也说不清楚，又被笑话了一番。可能是因为这件事给我留下的印象太深刻了，以致后来进了东京的学校，我还多次向别人说起过这件事，结果被朋友们嘲笑说"你是诗人吗？"。

整个事情就是这样的，不过我现在还经常想，如果当时哥哥家的人都不懂得天体知识的话会怎么样呢？也许少年认真的样子就会让人们相信。也许相信这世上或许存在不可思议之事的人，就会相信。也许到现在还会流传着某个白昼有人曾在茨城县的一隅天空看到过星星的传说。很多奇特之事都有共通的诱因，并不仅仅像我这样，悄悄地打开石祠的门，拾起土中闪着光的东西，一个人感到深深的触动。比如在信州千国的源长寺废寺时，一个平日被大家当作傻子看待的少年在一处名为八丁羽场的悬崖边向远处眺望，自言自语道："那些罗汉在一起哭泣。"虽然当时没有村里人看到这个少年，不过至今仍流传着当时从这座寺庙迁走的众多佛像在被搬出去时在不停悲叹的说法。还有在松尾一个叫山畑的村落，一个老翁与女婿一同在田里耕作，老翁无意中发现前面的崖壁上映着一个很大的曼陀罗形状，便叫了起来："那不是松尾的药师吗？"虽然女婿什么都没看见，不过那之后不久人们就在崖上建起了药师堂，直到现在这座药师堂还立在那里。这两个例子中，前者是因为人们一开始就在心里有所动摇，所以为后来相信传说奠定了基础，而后者是全凭中心人物之外的第三者的讲述，虽然事情很简单而且略显极端，不过还是被人们接受了。不得不说作为基础的社会条件是一种非常玄妙的东西。

在奥羽山间的村落，路旁有很多山神石塔，都是曾在此地看到过奇异现象的人留下的纪念，所谓的奇异现象基本都是遇到了从山上走下来的眼睛发光、身材高大、脸色发红的裸男，这在《远野物语》中也提到过。而关东那大量马头观音石碑的来历也与此类似。有一种给马带来厄运的恶灵被称为"大场"，它比马蜂稍大一些，羽毛颜色非常鲜艳。这种恶灵一飞进马耳朵里，马就会前腿腾空而立，不久便会死去。据说还有马夫看到过一个一寸大小的美丽女子骑在那马蜂一样的东西背上。大概马夫被突如其来的事情吓到了才有此幻觉。不过他们应该不是刻意捏造出这个场景的，或许他们在马急病发作时，一瞬间便下意识地产生了这种幻觉。

在我们国家的古老记录当中，记载得最多且到现在仍没有解明的一件事就是神灵会依托在七八岁的孩子身上，借孩子之口讲述一些神秘的故事，而且这些故事无不存在确凿的证据，让人们不得不心服口服。不过我想在我的实验数量逐渐增多到数百数千个的时候，应该能向事情的真相靠近一步。这本《旅行与传说》发行到第一百期不过只是一小步而已，未来我会将注意力更多地放在这本期刊上，即便不能住在村子里亲自收集那些无法解释的灵异事件，我也会一点一点地从报纸、口述故事以及见闻记载中收集相关事件。虽然我的积累并不少，不过有时候对着纸也会想不出合适的例子来。未来我会不断补充一些我想起来的例子，希望可以抛砖引玉，引起诸君的广泛讨论。

（《旅行与传说》昭和十一年四月刊第九卷第四号）

川童的故事

石黑忠笃氏①曾在鹿儿岛居住多年，是对鸟类鸣叫声颇有研究之人，我跟他谈到这个"啾啾"②时，就听他讲过那个故事。在他的故事中，那是被称为"胸黑"③的大鸟群。《水虎考略》④后篇卷三中提到，日向高锅某村的河堤看守人小屋旁每天晚上都有数百群水虎通过。有个人无论如何都想看看水虎的样子，就躲在树荫里偷看，却怎么都见不到。第二天晚上，他拿着火铳过去，算准时机开了一枪，周围的声音霎时安静下来，此时却从远处传来了水虎"啾啾"的叫声。书中还提到日州把川童叫成"啾之助"⑤便是这个原因。二君之说虽有一致之处，但"啾之助"这个称呼的由来还是不能令我信服。

上面提到的《水虎考略》后篇并未广泛流传于世。第三卷收录的

---

① 日本农林官僚，政治家。明治四十三年在新渡户稻造宅邸与柳田国男等人一道发起了乡土会。——译者注
② 原文写作"ヒョンヒョン"。——译者注
③ 原文写作"ムナグロ"。——译者注
④ 江户时代研究水虎（川童、河童）的书籍。——译者注
⑤ 原文写作"ヒョウスヘ"。——译者注

杂记乃是天保年间某位书生用蹩脚的汉文所记录的三十篇川童故事。此处顺便抽选几条较为罕见的记录下来。

（一）

肥后天草多有川童，常把村中孩童带至海边教习水泳。若对其言听计从则不会为害，一旦得罪便恐怖至极。孩童时而求父母准备饭菜宴请川童。唯独小儿能看见其身影，父母只闻吃食之声，川童归去时碗盘皆空。此乃佐贺藩士宅中奉公之天草女中所谈。

（二）

佐贺白山町有一人名曰森田藤兵卫，过往曾留宿于对马某旅馆，夜半忽闻脚步嘈杂，终夜不休。翌日问掌柜缘由，答曰："夜半行路者皆为川童而非人。川童昼栖于山中，夜则入海觅食，虽数量众多然而并无危害。"

（三）

肥前但凡有人因川童致死，下葬时皆不动火，其衣物棺木皆不用白。此为黑葬，凡黑葬者致其死亡之川童皆烂目腐腕而亡。

（四）

佐贺高木町商家有女年十一二，自学堂而返时路遇邻家一童子，相约前往观城院前河中嬉戏，女童回到家中膳罢，欲出之时，父母听闻此事，令其拜灶神求请荒神保佑，并于女童额间涂抹灶灰。与女童相约之童子凝神注视其额间灶灰，称"你已请了荒神之墨前来，我不欲与你同游"。言罢怫然而去。因此而显露其川童真身。这本书中还记载了好几十个川童的故事。

（《乡土研究》大正三年五月刊第二卷第三号）

川童的迁徙

这样的标题，并不意味着川童就是鸟类。不过我倒是想提一提把某种鸟类看作是川童的说法。那是我很久以前在宫崎县的耳川流域头一次听到的说法。不过据说萨摩的川内河沿岸也有同样的说法，并且南九州各地的人都知道。说是川童每到秋末初冬时节，就会在下雨的晚上发出"熏熏"的细小鼻音，成群结队地飞到空中，从海边往山上迁移。然后到了初春开始变暖的时节，又会在同样的夜里原路返回，发出那样的声音从山上回到海边。所以即使到了现在，只要有心想问，应该还会有人一脸认真地告诉你"长臂河童"①这种东西冬天会住到山里。

由于它们只在伸手不见五指的黑夜行动，自然从未有人见过其身影。要将其推断为川童的迁徙，还需要另外一个证据。可是对有心相信的人来说，这一说法之古老便足以成为铁证。确实，如果那是最近才出现的说法，必然难以令人信服。可是与此同时，又有一些人说它们迁徙

---

① 原文写作"ガアラッパ"。——译者注

时会发出振翅的声音。因为以前从未听过川童还能长出翅膀来，因此对此抱有怀疑态度的人就会认为那是一种鸟类，不过单说那是一种鸟却也无法说服我们。我的好友石黑忠笃君就曾听过那个声音。还说有专业人士告诉他，那是一种叫"胸黑"的鸻鸟群。关于这点，我想再一次将其作为"野鸟"的问题来看待。这个"胸黑"究竟是不是那样鸣叫的？到底有没有在那个季节迁徙的习惯呢？由于我只在画上见过那种鸟，自然没听到过它们的叫声。不过我们乡土会正好有川口君①这样对九州鸟类颇有研究的人。因此我希望至少能将问题的研究深入到"如果是'胸黑'的话确实会引起那种误解"的程度。

虽然话题内容仅止于此，但为了表示感谢，还是先说说我所掌握的信息作为参考吧。如果目的在于鸟类与人类的交流，那么这个话题依旧只能属于野鸟研究会②的范畴。若是东京附近的人，想必会先对川童成群行动这种行为本身产生一定的疑问。一旦提到这个话题，大多数人都会说川童是独立行动的，就连泉君③、芥川君④的小说和绘画里的川童都是独来独往的。可是朝川善菴的随笔中出现的常陆海边的川童似乎会五只或六只成群出现在渔夫眼前。再往北去，故事里提到的川童变成人类跑到女人家时虽是独自行动，但让人偶然瞧见时却都是一群一群的。

---

① 川口孙次郎，鸟类研究者，曾给《乡土研究》投稿。——译者注
② 日本野鸟研究会。由柳田国男、中西悟堂、北原白秋、金田一春彦等人于 1934 年创立。——译者注
③ 泉镜花《贝壳中的河童》等。——译者注
④ 芥川龙之介《河童》。——译者注

还传说人迹罕至的水边沙洲常有川童玩耍，清晨路过时会发现上面留下了无数足迹，看起来就像小孩子的脚印，可是却有着水鸟一样的脚蹼印记。川童冒出来跟人比试角力的故事在东日本很少见，但越往西就越多，这些故事里最开始出来的也只有一只，可是不管是比赢了还是故意输给它，后面都会不断冒出更多川童来加入。似乎那些川童一开始就藏在旁边观望了。九州的川童在考验人类的时候也同样会先出来一只变化成人类小孩样子的，一旦发现比不过人类，就会不知从哪冒出一大群同伴来，七手八脚地不把对手彻底制服决不罢休。尽管如此，他们平时成群结队地待在水底时又都像水母一样浑身透明，一点影子都见不着，又或者长于变幻，就算是马蹄踩出的小水坑里也能藏得下一千来只。世界上自然不可能存在这种如此神奇的动物。且不说它们究竟厉不厉害，单从冒出来的方式看就铁定是怪化之物，而且在某些地方自古就有人认为它们会凭借数量给人类带来威胁。

九州至今还很盛行川童到了冬天就会跑到山里变成山童的说法，不过这种说法在别的地区偶尔也能听到。橘氏的西游记中也曾提到，山童身长赤裸、举动笨拙，能通人言但不会说话，唯独力气比山里干活的人都要大，只要有饭团做报酬就会高高兴兴地帮忙搬运木材，虽说是妖怪，却与人类尤为亲近。要说那种东西"熏熏"叫着在天上飞未免有些天马行空，可也不能说这种东西绝不存在、这些传说都是人们以讹传讹或胡乱编造的，毕竟确实有人听到过那种声音。换句话说，这两种说法似乎都是把冬天迁徙山中的古老传说改头换面重新散布出来的。纪州本来就存在诸如"咚河儿"①和"河郎"②这类对川童的别称，而且冬天迁徙到山里之后还会变成"咯吱坊"③。这种东西虽然外表看上去是个身着蓝衫的可爱少年，但酷爱恶作剧，让人烦不胜烦。还有人说它们的名字来自挠痒痒的方言"咯吱"④。虽然它们酷爱恶作剧，却也特别讲情义，根据熊野二川村的传说，"咯吱坊"进入山谷时会挨个来到旧家前扔石头报告自己已经到了。吉野管川童叫川太郎，它们同样也是冬天会迁移到山中成为山太郎。虽然尚不清楚山太郎会干些什么，但肥后人吉附近的山太郎却被人们当作山神。在山神祭文中还提到，近山太郎、中山太郎、里山太郎各有三千三百三十三，合计一万缺一的山太郎会实现山中劳动者的愿望。与此同时，那里也流传着川太郎冬天会到山里变成山太郎的说法。并且进入山太郎聚居地的道路是有讲究的。二月朔日清晨来到某条河的拦河堤上就能看到许多川太郎的脚印。据说那些脚印由长长的三根脚趾和后面紧挨着的脚后跟组成，完全看不出人脚的足弓部分，这样看来那也有点像鸟类的脚印。

还有一点是关于川童的叫声。我们所知的是，川童变成人类小孩出现时当然讲的是人话，并且是方言，一般都是说一块儿游泳吧，或者我们来玩角力吧，如果对方心生怀疑追问下去，川童说的话就会越来越难以明白，到最后竟变成了尖利的"叽叽"声。还有一种说法是角力赢

---

① 原文写作"ドンガス"。——译者注
② 原文写作"ガオロ"。——译者注
③ 原文写作"カシャンボ"。——译者注
④ 原文写作"カシャグ"。——译者注

了它们就会非常高兴，上蹿下跳发出猿猴一般的"叽叽"声，这时人们才知道是遇上川童了。可是在秋末和初春，那些相传川童会在暗夜飞上天空的地区却说他们会发出低沉而寂寥的"熏熏"声。为何如此矛盾的传说会同时存在于非常狭小的地域。难道将两者都当成误解就可说明问题吗？即便是误解，也是由来已久的。日向也把川童叫成"咻咻坊"①，据说也是以它们的叫声命名的，而且在一百多年前的《水虎考略》中也已经有了这样的记述，与此同时，以太宰府的天满宫为代表，九州还有许多在神社中祭祀川童，并称其为"咻之助神"的地方，甚至在全国都流传着吟唱"咻之助神"之名以驱赶川童的咒语。由此可以推断，上古时期就已经有人把某种候鸟迁徙时发出的鸣叫声当成了水中精灵自报家门的声音。鸟类习性鲜少伴随时代发生变化，同样的现象甚至可以持续数千年，但仅凭这一点并不能孕育出一种民俗信仰。直到现在，全国各地依旧残留着田地之神春天从山上下来，秋天收获结束后再次回到山上成为山神的信仰，这种神明每年穿越广阔的海洋来为我们这些岛民造福的思想自古以来就将候鸟的生态极度神秘化，川童和胸黑的叫声，或许也是人们无意识地保存下来的古老痕迹吧。

（《野鸟》昭和九年十月刊第一卷第六号）

---

① 原文写作"ヒョウスンボ"。——译者注

川童祭怀古

一

随着都市的日渐繁荣昌盛，夏日祭也变得越来越华丽新奇了。前来参观的群众对此深有感受，不自觉地便跟起了风，随后连农村也抬起了神轿祭神用的彩车，暗自为比试谁的仪式更惹眼而较劲，这种事情越来越多其实并不奇怪。现实是常变常新的，同时也在锲而不舍地寻求着历史根源。而思考这种仪式的由来与我们先祖的生活究竟有着什么样的关系，对现今的社会并非毫无意义。

所有人都知道祇园原本是行疫神。他率领手下众多荒神①，只为敬畏并祭祀他们的信徒免除灾祸，这一神力受到了民众格外虔诚的信奉。津岛的天王信仰似乎早已在东国流传开来，其中更是存在着御蒇神事的仪式，以被流放的疫神之去向来警示信徒。这两种祭祀被极度美化并加

---

① 即不受天皇支配的日本众神。——译者注

以丰富的动机十分明了。

对流行病的恐惧本来是都市的产物，并且上代的历史也证实了这种信仰是与新出现的外来文化一道，首先影响了中心地区。即便乡村自古以来真的存在夏日祭，其最初目的也必定不同于今日，方法自然也不尽相同。现在这种信仰受到了多少外部影响，又保留着多少自古留存的目的性呢？要想探明这点就必须深入到乡间的生活中，但由于学者们都死守城市，一直都以城市的知识来理解全国的情况，使得这一行动变得格外困难。因此这次复兴川童祭的传闻也就格外引起了我们的注意。

每年农历六月是乡间举行水神祭典的月份。虽然现在普遍将其称为"天王大人"或"祇园大人"，但含义却各不相同。如果日照过多，农田的土壤就会不够柔软，梅雨过强的话插好的秧就会被冲走。若依靠围堤和川流取水，就不得不担心水源干涸或浑浊。无论是恩惠和苦恼都得仰仗神明的力量。日本是个用水大国，国民生活对水的依赖性很强，或许还有人会惊讶，为何历史悠久的水祭会如此随意。其实这种祭典既不随意，也算不上"历史悠久"，只是那些生活中只晓得用自来水洗洗脸的人对此并没有什么深入的了解罢了。就连那些所谓御灵会体系的都市祭典中，在这个月份里举行的仪式都与水有很深的关联，例如浜降洗轿泉的御旅所，以及船上的伎乐等，形式与水神祭典没什么两样，似乎相当有渊源。可是暂时在文献中也没有发现将这些神明当成水神的记录，大约人们只是觉得现在是夏天，这样搞应该很凉快罢了。加之恶疫流行并不是每年都会发生的，于是祭典的目的渐渐变得模糊，在城镇中渐渐演变成了清凉祭之类洋溢着娱乐气氛的活动，让我不禁为之叹息。

去年神奈川县的秦野刚建成简易饮水管道时曾流行过一阵痢疾，造成了非常大的骚动。这在我们看来无非就是建成的时间过晚造成的疫病，但当地却有许多人认为那是因为修建管道得罪了水神遭到的报应。城镇中时常出现不注意用水卫生引起的灾祸，因此过去也曾被冠以这样的信仰加以解释，或许这就导致人们出于对水神的恐惧，将其看成了疫病之神。若非如此，就无法解释为什么天王祭和水神祭在同一天举行，为什么给氏神供奉瓜类作物以及为什么把川童和黄瓜的约定之日定为祇园祭当天的原因了。

二

让川童第二次在文学作品中登场的是泉镜花，之前芥川龙之介也为此出了很大力。两位都称从我们的川童研究中得到了灵感，这无疑是件无上光荣之事，但其中依旧存在些许遗憾，因为他们都把川童写得过于愚蠢了。可能因为两位在童年都受到了近代虚构故事的影响，其笔下的川童不仅与我们心中的水之童子印象相去甚远，甚至比普通村民所想象的川童还要不堪。说白了就像化竞丑满钟①之流的文学作品中"如河童般伏地大哭"这类印象的延伸罢了。让人读来不得不提醒自己这里不

---

① 曲亭马琴所作之净琉璃滑稽本。——译者注

该笑出声来。

不过现在这种状况可能也有川童的一部分责任。它们作为逐渐落魄的精灵，常常会过度发挥自身的妖怪心性。不是试图守护一切关于水的信仰，而是仅仅坚持自己独特的存在。川童从不考虑人们对溪流灵泉的敬与不敬，可一旦有人胆敢否认它们的存在，就会迫不及待地跳出来吓他一吓。而且到了现在，它们的活跃范围越来越受到局限，并且越来越可怕。因此它们的滑稽化更应该说是一种无法改变的命运。而且江户末期出现的那个如同鸦天狗一般的画像更是纯粹出于个人幻觉，只要拿来几个例子稍一比对很快就会知道其并不属实。总之这种让人大伤脑筋的玩意儿偏巧不巧流行开来了。

将川童写成水虎或蝈的人认定了日本有的东西，中国也有这种谬论，因此根本不值得与之争论。而以前的四卷《水虎考略》虽然尝试了从日本本土的角度出发来思考这个问题，却只有第一卷流传于世。其中记载了各地水虎的草图，却充斥着长着低鼻梁、缠着兜裆布、背上有甲壳、四肢着地等形状各异的版本，充其量只证实了人们的空想尚未统一。那些所谓的目击者的陈述也各执一词，但其中依旧能找到某种统一的特征，虽说着实奇怪，但还是可以看出古人信仰的种种痕迹。例如喜欢与人比试角力便是其中之一。除却东北的"山人"或"大人"之外，倒是从来没见过如此性子直爽的妖怪。那应该是川童喜爱接近人类，与人类进行交流的历史残留。这与屁股上有紫色胎记的人特别容易被拽走，以及某个川童入赘到美丽姑娘家的民俗故事可能也有点关系。后者其实涉及了所有水中精灵，并且在某个时代，人们还并不认为那是一种耻辱和不幸，甚至有人家主动传出这样的故事。

与此同时，各地还流传着人们在这种水之童子的帮助下发家致富的故事。当然那仅止于传说，并没有任何证据能证实，但至少还能推断出某个时期确实有人相信过。而诸如溪流中的精灵慷慨地向人们出借碗盘，遇到不讲信用的人之后就再也不借这种断交故事更是数不胜数。也就是说，在川童演变成今日这般只会为害的妖怪之前，还是存在着只要对其言听计从便能得到恩惠的时期，并且在两个时期之间也存在着一段很长的以恶作剧捉弄人类的时期。川童发誓绝不为害人类，或是试图将马匹拽下水，失败后留下谢罪的书信，或者传授接骨秘方的故事多达五六十例，其中有很多都集中于九州地区。还有传说称川童喜食田间作物，特别爱吃瓜类，会在夜里跑出来偷吃，人们还会将最先成熟的一批瓜果穿成串插在田边讨好它们。这些在古时候都是给川童的供奉，后来也变成了"六月川祭"的内容。

三

国学院大学的部分年轻学者尽管身在这个家家户户使用自来水的都市中，但依旧信仰着上代水神的神德，每年都会举行尽量忠于传统形式的乡村风格川祭。我并不认为这只是一种好事之举，因为这种感觉一旦不时时复习就会渐渐消失。唯一让我在意的是，他们都选择暑假一类的闲时，在新历六月田里还没长出黄瓜时举行祭典，那些种在温室里的落花小瓜究竟能否让"川神大人"满足呢？月夜和瓜田是人们自古以来的田园幻想中不可或缺的要素。在我出生的故乡，甚至存在祇园祭之后黄瓜就不能吃的说法。

可是在另外一些地方却存在着完全相反的说法，在这天结束之前是不能吃黄瓜的，有的村庄还保留着唯独在这个满月的日子里绝对不能吃黄瓜的习俗。也就是说，这段时间是日本全国出黄瓜的时节，同时也是用这种作物来祭祀水神的节气。祇园的御纹瓜广为人知，瓜生石的传说也一直留存在人们的记忆中，但这神与瓜的关系，却已经难以探寻了。

对违禁忌之人进行制裁，依旧属于水中童子的职权范围。有的地方还相信刚刚吃过黄瓜身上还留着香味时是不能到河里去游泳的。另外还有一些地方相信只要把孩子的姓名生辰写在纸上放到河里，就不会被"川太郎"拖走。因此，就算祭祀的对象被奉为天王，人们真正畏惧的还是川童。

黄瓜在日语中虽写成"胡瓜"，但这种信仰却并非外来之物，也非人们毫无缘由创造出来的。自古就有用瓢和水菜祭祀水神，或用来举行镇火祭典的传统。备中县守渊的古老传说中曾经提到过，并且如今流行的昔话故事里也残留着许多女子抱着瓢嫁到池里，并说"如果您让瓢沉了，我也一起下去"等众多细节。其目的似乎已经超过了食物的范畴，而是要检验水之灵的力量。

我们日本人早在尚未接触外国传染病的时期就已经见识到这个神明震怒的一面，并心怀畏惧不敢触碰。虽然许多自古以来的信仰都被知识学问所背叛，但水带来的灾祸至今仍未断绝，由于乡间无法得出其他更合理的解释，便十分令人费解地单独将这一部分保存到了今天。而在此过程中又掺杂了各种嘲笑成分，使得水神最终变成了现在这副滑稽的模样，作为一个日本国民，我不禁感到心痛。

从农民生活的角度来看，旧历六月至今仍是充满水之恩惠的月份，同时也是家家户户难以抑制心中小小不安的时期。以这个月的满月之夜为中心，人们开始讲究各种忌讳，即便自己并不信奉这些，也会抱着十分理解的态度。至今仍不知其来由的六月朔日在东日本称为"脱衣朔日"或"剥朔日"，在越后则称为川童从天竺前来的日子，九州南部则称其为川童配龟仔的日子，如果龟仔不够就会把人类小孩也算入其中，由此可见，这些都是人们特别谨慎不去入水的日子。有些地方还将其命名为"断夏食"，在当天不会进食蔬菜，或不在夕颜花下行走。六月晦日又被称为"川濯祭"，在我的故乡是举行水边祭典的日子，而在西国又有很多地方将其当成不能下水的日子，并且天草一带还把这天当成供奉川童的日子。

可是再将目光转向别的地区，又有些地方把这天当成一定要下海的日子，另一些地方虽然人不下去，但也会把牛马赶入海中。总之都不是一个普通的日子。目前无法将全国的传说进行统一比较，只能认为古老的信仰虽然没有消失殆尽，却也逐年发生着颇为奇怪的变化。若要将其统一起来研究，或许只能等待居住在都市的年轻学子们一齐进行探讨了。

（《东京朝日新闻》昭和十二年六月刊）

越盆河童谈

一

在这个水面快要结冰的时节来聊河童好像有些不应景，但作为来年夏天的准备是不是可以被夸奖手脚够快呢。最近《奥南新报》的民俗研究文章被东京的一两本杂志选登上了，此事实在难得，可以想象三浦利亢君等人为此甚为骄傲的样子。可要说八户地区的人看到这些文章也感到惊奇不已，觉得这是世间少见的奇闻趣事，那可就错了。或许有人觉得这是奇闻吧，但我们正相反。而让我们真正感到惊讶的是，那些在外地一点都不稀奇的事，以及已经听了无数次的故事，在遥远的南部三户郡一带竟然也普遍流传着。至于为何要如此值得惊讶，还望今后可以共同探讨。若只向其他府县的人传述事物，便没有完全履行报纸的职责，而且这也对不住本地的读者们。《奥南新报》上刊登的《村之话》实为国之话，乃至于关乎全人类的话题。如果能明白这一点，读完之后深入思考的人才会越来越多。虽然还有许多别的问题，但上回读到川村的有关川童的话题时，我感到颇为有趣，一直铭记至今，便针对这个话题来说道一番吧。

二

有一件事让我们深感不可思议，那就是南北两地之人不仅风俗各异，甚至有时语言也需要翻译，可是唯独川童这种妖怪却在全国各地都过着一模一样的生活，它们的恶作剧都如出一辙，并且乐此不疲。例如跟人比赛角力，好像只要遇上了川童，就必定会发生此事。我本以为奥州地区较少这样的事例，但八户的川童竟然是成双成对地冒出来与人角力。最奇怪的是，各地川童的名称和外貌虽略有不同，但唯独喜爱角力这点却特别一致。九州通常称其为"河童"①或"长臂河童"，颜色也与东北地区不一样，是半透明的白色，能在一个小水洼里住上一千来个，但同样也会随便见到个路人就靠过去说："喂，来角力吧。"要是赢了就会"叽叽"直笑，乐不可支，可要是输了就会不甘心地又冒出来好几只。至今仍有人相信这种事真的发生过，据说当时若有别人经过是看不到川童的样子的，只能看见一个大男人独自做出角力的动作。最后被川童盯上的这个人会筋疲力尽，天亮以后整个人都会病怏怏的，会发烧乃至发狂，这在那一带被称为川童附体，得请修行者来加持消灾。

---

① 原文写作"ガワッパ"。——译者注

三

这一传闻在九州的筑后川流域、丰前的小国川以及与之相邻的小盆地一带一直都有流行，至于其他大部分地区，特别是从日本中国地区到近畿一带，相关说法已经渐渐不确切，甚至不再属于迷信的区域。首先见过川童的人就非常少，就算偶尔有人见到，细细一问也只是看到了模糊的背影，传闻的整体都显得十分模糊。尽管如此，川童喜欢跟人比赛角力，所以见到不认识的人千万不能与其角力这样的说法四处流传。川童天灵盖上有个凹陷。那里面只要有水就会力大无穷，所以要是一定要与它们比赛角力，切记要先恭恭敬敬地鞠躬行礼。这样一来对方也会一不小心给你回礼，把天灵盖上的水洒出来。这种煞有介事的说法在我小时候也从大人口中听到过。中国地区并不把川童称作"河童"。我故乡将其称为"川太郎"，备前备中则称为"川子"或"猴吾"①，广岛县一带有许多地方将其称为"猿猴"。而且这个地区与奥州的三户郡一样流传着只要拉它的手就会整条扯出来，因此不能使劲儿拉的说法。近代文人画中有一幅猿猴捞月图，一只手臂奇长的猿猴抓着树枝伸出一只手试图抓住水中的月亮。该画作是蕴含着禅理的作品，因此格外流行，甚至一般人家也经常能见到拙劣的仿冒品。将川童命名为猿猴应该是由

---

① 原文写作"コーゴ"。——译者注

此而来。我家乡也有种"猿居猴"①，栖息在水边，相传也是两手相通，一边缩进去另一边就能扯出来，简直方便至极。尽管从前我并未将其与川太郎联系起来，但两者都被传说成手臂一扯就能扯出来，因此如今重新思考一番，两者确实有着某种联系。若非如此，那种画不可能会如此普及。

四

为何川童见到人总是要跟他比赛角力呢。由于这种说法已经普遍到被人们当作理所当然的事情，似乎没人对此产生疑问，但仔细一想还是有疑点。最能体现其川童的妖怪本质的一点，简单来讲就是川童的可怕之处在于把人拉到水中拽掉屁蛋②，但这与比赛角力的行为有点相悖，既然川童有夺人性命的自信和谋划能力，根本没必要专门跟人角力比试一番。因此孩子们都不信这些，只是惧怕被川童邀请一同玩水。事实上每年夏天总会发生这么一两件有疑点的惨剧。在其他孩子都没有出门玩耍的时候，或是在与其他孩子相隔甚远的地方，一个落单的孩童死在水中。又或者刚才还在一起玩，一转眼却不见了踪影。由于这些惨剧都发生在偏僻的池塘，几乎没有目击者，所以人们习惯性地会将其归为川童

---

① 原文写作"エンコ猿"。——译者注
② 想象中长在肛门上的球，有说法称溺死之人肛门较为松弛，故有人理解为屁蛋被川童拔掉致死。——译者注

所为。只要人类之中还存在这种难以解释的不幸，川童的名誉就永远无法恢复。如此一来，喜好与人角力，赢了之后就高高兴兴离开的传说就更加难以理解了。

关于这一点，我在很久以前就认为必须研究一下奥州南部的川童了。其理由在于，我们故乡凡是溺死的人在没有其他原因可以解释时，所有人都会接受"被川童拉到水里"的说法，并认为那会发生在任何人身上，因此而心生恐惧。可是在东北地区，这似乎从一开始就是某种宿命。茶余饭后的闲谈中常常说某个孩子有被水中之物接走的面相，虽然平时很小心但最终还是被接走了。拥有被川童扯掉屁蛋的资格这种说法虽然可笑，但至今还有人说臀部有紫色胎记①的人特别容易被川童盯上，当地也经常传出发现溺死的人的确身上有这样的特征等等。根据我听来的说法，臀部的紫斑其实是蒙古人种常见的身体特征，日本人中也有不少这样的人。这种人特别招川童的喜爱的说法让我们惴惴不安。总之，它们是有所选择的，只有符合条件的人才会被拖走这一说法中必定隐含着某种因由。特别注意到这一点后，就会渐渐发现许多线索，表明其他地区以前可能也存在过同样想法。

---

① 即"蒙古斑"。——译者注

五

此时川童与人比赛角力的说法又能成为一大重要参考。埋伏在路边向人挑战角力的妖怪并不止川童一种。土佐的芝天或称芝天狗没有别的恶作剧流传出来，唯独酷爱与人比赛角力。而且还有许多传说称一时大意接受挑战的人最后都会发狂甚至丧命。这种说法跟川童还十分相似。虽然土佐也存在川童这种妖怪，但芝天多数也都出现在河川的堤岸或桥下，其外形酷似七八岁儿童，无论怎么看都像是川童派生出来的东西。不过东北地区又存在着一种与之截然不同，却同样喜欢角力的妖怪。那就是从津轻延绵到秋田的深山幽谷中生活着的山人、大人以及类似于鬼的妖物，这种东西从来不会加害于人，只是见到人便发起角力挑战，甚至还有传说它们在输赢之间渐渐对人产生感情，最后还会跑到人类家里去玩。一旦开始与其来往似乎就不能中途断绝，因为它们生气起来非常可怕，只能不断对其讨好，虽说确实有些麻烦，不过它们不仅不会取人性命，有时为了玩角力还会帮忙砍柴，剥菩提树皮，甚至犁田，凡是需要大力气的山间工作都愿意出力。总之只要乖乖听它们的话，最终受益的还是人类。这一点与九州的川童便颇为不同。

或许九州的川童一开始也与人类保持这种和平的来往。若只是川童或芝天冒出来与人比赛角力，仔细一想其实没什么可怕。像妇女老人这样本来就对力量不具自信的人必然不会产生与其比赛的念头，就算是恰好精于此道的人，若只输不赢，它们也不会再三前来挑战。唯有对自己的力量稍有自信，曾经赢过几次的男人才会接受挑战，誓要与它们比出个高下来。还有一种说法是即便人类力气更大，也会害怕打倒对方后遭到诅咒而故意服输。不管怎么说，人与川童的接触绝非普遍现象，必须是具有某种资格的人才能遇到，这点无论是角力还是臀部紫斑都无例外。

六

我认为，我们妖怪学的初步原理近期已经快要成型了。其中一条便是妖怪思想的进化过程，亦即人类对它们的三个阶段的态度。这从各地对川童举动的描述中便可以窥见。第一阶段可以称为敬而远之，一旦见到便惊叫惶恐，听到对方要来比赛角力就撒腿逃走。还有就是入夜后绝对不靠近那一带，如此虽可保平安，但也永远无法保证安心，因为某一些特定的场所永远属于妖怪管辖。紧接着就会有人站出来试图否认，认为世界上怎么可能会有那种蠢事，进而主动与其比试力气，同时内心还是感到惊恐的，这种态度便是第二阶段。看穿狐狸或狸的变化，却不知何时自己被剃成了光头，以及对力量十分自信而瞧不起天狗，认为对方一点都不可怕的勇士突然被一只毛茸茸的爪子抓住，旁边传来一个声音问他"这你也不怕吗？"，结果被吓软了脚的故事全都产自这样的心境，这一阶段也经常伴随着角力的较量。也就是说，就算人们有着各自不同的想法，那个时代的整体社会倾向就是半信半疑的。而到了今天，这一阶段又再次发展，怀疑的部分开始增多，紧接着便出现了神明的威德，佛陀的慈悲，乃至足智多谋之人撞破妖怪的变化，使其现出真身，发誓再也不会做那样的坏事，甚至被彻底消灭的故事。这种故事听来十分有趣，于是渐渐被夸大，最终使得愚蠢孱弱的属性全部被归结到妖怪身上，这种故事往往容易渐渐失传。如今在故事里残留下来的一些妖怪各自处在不同的阶段，顺序不甚明晰，因此时常会出现错误的解释，但我认为将来若有细心的观察者将其一一细化分类，就能阐明这一点。同时我也相信，川童角力的传说在这方面能够成为重要的参考资料。

七

这一现象同时还暗含了相扑竞技中至今仍无法查明的历史背景。为何相扑总会与神社相联系，或一定是某种节日的活动？这个问题只能从这方面展开分析才能解答。与今时不同，古人相信力量与勇气有着深厚的联系。他们认为力量不仅仅来源于自身，而是有幸被外部赋予的。与在占卜中借石头的轻重判断愿望是否能够实现一样，相扑也是衡量神灵的庇护更倾向于哪一方的方法之一。得胜的力士骄傲万分，是因为其背后隐藏着狂热的信仰因素。向神明祈祷获得巨大力量的传说在东北地区尤其常见。那不仅仅是靠平素的念想或者艰苦的修行，人们还相信那也是一个人与生俱来的命运。甚至还存在着类似于现代遗传学理论的说法，例如某个家族中拥有特殊的力量传承。这也成了一方首领能够长久保持地位的原因之一。

奥州等地的川童角力，在一开始极有可能主要是向这一类人发起的挑战。所谓的"关"，用今天的话来说就是选手或纪录保持者。打败竞争者，保住自己的霸主地位的人被称为"关取"[①]。只要他们认定自己的力量来源于自身或训练，又或者来自别的神佛的庇佑，那么川童和山人就定要与他们较出个高下，使其承认自身的威力。然后再像古风习俗那般，落败服输之人得到庇护，选择抗争之人则要经历没完没了的苦战。妖怪其实是古代信仰的遗留，在人们逐渐转向另一种信仰之时，它们就会跳出来以这种方式加以阻挠。日本的新旧宗教错综复杂。这样一来，今日的研究者就必须通过分析妖怪的传说和故事才可窥探古代日本人的自然观。

在此意义上说，南部地区的怪谈为我们保留了许多极为珍贵的资料。例如现在已经童话化的猿女婿，或者嫁给大蛇的姑娘等故事中还并存着较为古老的形态。以栟引村的故事为代表，远野也保留着传说有川童入赘留下后代的家族。可以看出，那些宣传并印证了水神信仰的旧家被古老的因缘所牵系，并不会让这些传说轻易湮没在历史的尘埃中。这样一说或许有些奇怪，但那些所谓被水灵所喜爱的紫色胎记的孩童，在上古时代或许还拥有成为神主的资格。

---

① 相扑力士的一个等级，对"十两"以上力士的敬称。——译者注

八

看来要用太简单的话来解释这个问题未免有些牵强。这些且留到以后再详细叙述，我首先要讲讲"川童"这个词汇的分布情况和历史由来。北海道土著将水神称为"明津魖"[1]，金田一教授已经提到过，当地流传的怪谈与河童有着一致部分。如此已经基本可以判断，虾夷[2]的"明津魖"与八户的"河童"是同一词汇。问题在于究竟是谁模仿了谁。南部以马渊和北上的分水岭为界，岩手县似乎已经不再使用"河童"，而津轻确实有这么一个名称。可是从平尾鲁仙的著作中分析，这里的"河童"似乎与川童是两种不同的妖怪，前者被想象成了长虫的形态。然而我依旧相信这是川童在地方的一种别称，因为在遥远的地域也同样流传着与之相似的词汇。现在已知的地区有三个，能登半岛明显将我们所说的川童叫成了"水虿"[3]，同样流传着头顶有盛水的凹陷，喜欢与人相扑角力，试图把马匹拖下水中却失败了的故事。其次是滋贺县的湖水东岸地区，这里也流传着水虿的名称和同样的故事。两地的"水虿"和奥南的"河童"不可能毫无关联。这样一来便可得出结论，阿伊努人[4]所说的这个词汇，是从日本流传过来的。

---

① 原文写作"ミンツチ"。——译者注
② 指北海道。——译者注
③ 原文写作"ミヅシ"。——译者注
④ 北海道原住民。——译者注

最后再来到遥远的九州南部，萨摩和日向大隅的部分地区也确实存在着"水虸神"①这个称呼。虽然"长臂河童"和"河郎"也同时在当地流传，但这两者应该是较晚出现的词汇。因为人们通常会忌讳此种灵物，不愿直呼其名称，这样一来往往容易出现第二种称呼。"河郎"和"长臂河童"都是"川童"的日语训读，但现在九州仍存在着用"川殿"②或"旅人"③代称来避开那些词汇的倾向。当地人们似乎将"水虸神"理解成了"水神"的汤桶读法④，但将其与八户一带的"河童"和虾夷的"明津魃"进行比较就会发现，这些都是与古日语"水魃"⑤相同的词汇，而这一词汇只在这个国家的三个边缘地带保存了下来。"水魃"可以被写作蛟或虬。因此有人会说它们是不是一种蛇，对此我只能回答在中国，人们确实是这样想的。日本的"水魃"一词除了水之灵以外没有任何别的意义。至于它们究竟像长虫还是猿猴，若不找一个来进行体格查验是无法弄清的。因此只能说，我们的幻想和空想直至今日依旧毫无章法。

九

然后是川童的手可以扯出来这一细节，在阿伊努也广为人知并有

---

① 原文写作"ミヅシン"。——译者注
② 原文写作"カワノトノ"。——译者注
③ 原文写作"タビノヒト"。——译者注
④ 指前半部分训读，后半部分音读的日语词汇读音。——译者注
⑤ 原文写作"ミヅチ"。——译者注

相应解释。过去有一次神明需要召集很多人，于是他急急忙忙用草扎了许多小人，给他们吹了一口气使其活动起来，事情结束后他就把那些小人扔到了水里。据说这小人就是现在的"明津魃"。这些会恶作剧的小人的手臂本来就是用一根木棍穿起来做成的，因此只要扯着一边就能将其拽出来。

我依稀记得三户郡也存在着极其相似的说法。总之各地都存在着类似的传闻。过去左甚五郎在某地兴建佛阁时由于木匠人手不足，就做了许多人偶吹入气息令其工作，用完后都扔到了河里，这些人偶后来都成了川童。这样的故事我在奈良县等地也听到过。九州肥前也流传着一个古老神社的传说，讲的也是人偶变成川童的故事。具体情节在《北肥后战记》这本书中，其中一个突出的情节就是橘岛田麻吕和川童之间产生因缘之后，他的子孙后代发展成了涩江氏这个中世豪族，至今仍分散居住在各地，同时兼任川童的管理人，而上述神社的神主一家也是其中之一。九州的川童灾害不仅极其系统化，连统御川童防止水患这一职能也十分发达。这就如同在攘除尾崎狐①的三峰山信仰区域里祭祀妖狐的家族最多，以及人狐行者②守护的出云伯耆里狐妖横行一样，正因为有人类宣传祭祀祈祷的影响，这种妖怪才会一直存在于在当地人心中。总之人偶一说不可能凭空出现。这样一来或许可以推测，过去人们曾经制作手臂可以抽出的神像来祭祀"水魃"，可称之为水神的时代，并且那

---

① 一种会凭依在人身上带来疾病灾害的妖狐，尾巴通常会分成数条，也有人专门祭祀这种妖狐获得财富，但凡这种人的家族在通婚时都会遭到歧视。——译者注
② 人狐与尾崎狐一样，属于妖狐体系，祭祀这种妖物以求获得财富的家族也同样会遭到通婚歧视。——译者注

种风俗还流传到了日本南北端。现在已经不再进行那样的祭祀，便出现了某种程度的变化和想象的迁移，毕竟吾辈日本国民在这方面向来都表现得极为善变。

十

最后再讲一个流传在八户一带，令人听完感到恍然大悟的小故事。已然失去信仰者的水中灵物依旧试图与人角力，打败人类中的相扑能人，这让当地人深感不安。若想在最后制服它们，最方便的手段无疑是掌握它们的秘密。换句话说，这其实就是人类在不断的进步中想要掌握大自然的一种具体表现。例如有个故事中，偏巧就有这么两个面生的家伙在回家路上丝毫不知道有人跟在后面偷听，大咧咧地把自己的胳膊很容易拽出来的秘密说了出来。这个故事也反映出我们对妖怪的态度的变化。并且，这种空想还存在着一种更早的形式。

川童似乎极少出现这样的失策，但同样的情节在日本的蛇女婿故事中却不少。丈母娘觉得晚来早去的女婿表现奇怪，就特意用针穿了细线别在他衣角上。第二天早上丈母娘顺着线找过去，走到深山的洞穴里发现了一条大蛇。至此为自古就有流传的版本，然而我国民众依旧按照惯例给它添了点盐加了点醋，说丈母娘不动声色地继续在一边偷听，只见岩洞深处传来了痛苦的呻吟。旁边似乎有谁在照顾，还说"我都劝你多少回了，都怪你自己总对人类女孩下手，这才会被插了针染了铁气不是嘛"。此时呻吟的声音回答："唉，反正我就是死了也没有遗憾。毕竟已经把种子留在人类肚子里了。"看护者又说："你可别小看了人类，他们可聪明了。万一用菖蒲和蓬叶煮水洗了身子，那好不容易留下的种子就要全都流产了呀。"丈母娘听了大为欣喜，赶紧回家煮了这么一锅洗澡水，果然洗出了好多条死掉的小蛇，女儿的身体也一下就好了。这种故事在一点一点发生变化的同时传遍了全国各地，只要稍加挖掘，必定也能寻觅到原型，但我最近主要还是在研究人类与水神决裂的话题。我们的主张就是人们把这一模式也套用到了角力时川童手臂可以抽出来的传说上，而且这也并非上古以来就有流传的说法。另外掌握了他人所不知的重要知识之人，全部都是神主、教师、酋长之流，这是自古以来都不曾改变过的。

这些人随着时代变迁一点点修订着自身所掌握的知识，直到今天还在引导着我们的人生观。只望他们不会捧着一些个鲜为人知的古旧习俗，没事拿出来糊弄糊弄人，夸耀自己是人间大能便好。

（《奥南新报》昭和七年十月刊）

小豆洗

　　清水时显君提出小豆洗源自意指溃堤的"阿津（音似"小豆"）"[①]这一地名，这一高论（《乡土研究》第三卷）虽然神妙却难以信服。忘记了地名最初的意义，却因为这个地名的谐音而联想到洗小豆，若只发生在一个地方，那这个推理也许是大错特错或可笑的虚谈，但这现象遍及全国各地的话就绝非偶然。最好是举出多个事例进行比对，这样一来定然能够解释两个最为直接的疑问——为何会发出那种声音以及为何那个声音会被称为小豆洗。常陆的例子已经由清水君自己提出，阿波的例子也由远藤君予以追加（《乡土研究》第四卷第六十二页）。除此之外，在土佐、因幡、甲斐、羽后、陆中和东京等地也存在相似的案例。这就不能轻易将其解释为原本就没有什么声音，只因为地名而让人产生了听到小豆洗的幻觉。土佐的小豆洗被记录在《西郊余翰》第三卷"幡多郡中山田村"的条目里，具体内容为"此处寺门之外常闻小豆洗之怪谈，

---

① 原文写作"アズ"。——译者注

入夜可闻淘洗小豆之声，须臾则止"。《土州渊岳志》中卷也记载道："宿毛之中山田有一寺，寺门外常闻小豆洗，每入夜则作淘洗小豆之声，半晌则止。"但并未深入探究其原因。因为地点在寺门之外，可想而知会有小桥流水。因幡的部分则在《有斐斋剳记》中有所记载："因州留邸寺尾氏夜话中有云，其国中有地名一江崎，该地有一流水，入夜则自水中传出名谓赤小豆磨之淘洗小豆声，但凡有人探寻之，皆落入水中而无恙。座中有良白耕曰：'吾国亦有此事，其名为"小豆越"①。众人皆云凡老鼬必为此事。'"我不知这个良白耕究竟是哪里人，亦不曾听闻"小豆越"这一称呼。甲州的例子出现在《里见寒话》第六卷："听闻古府新绀屋町至爱宕町中有一土桥，鸡鸣之时通过则可闻桥下小豆洗之声。叠町桥下亦有此种传闻。"这里的小豆洗仅限鸡鸣之时，但在津村氏的《谭海》第六卷中却记载了这样的内容："甲州之人传说，貉者好为小豆洗与操线之音，小豆洗为溪谷间所闻之声，操线为树洞所闻之声，凡闻之者，所去十町②二十町，其声亦不绝于耳。"此处与上文的鼬一样，又将那种声音归结到了根本不可能在水中出现的生物身上。我还记得奥州白川阿武隈水源一带的山村里也有小豆磨这种妖怪，这些应该都记录在《白川风土记》中，只是现下暂时无法查验原文。此外，过去佐佐木君还提到陆中远野乡里"川中有小豆磨"，对此，山方石之介氏是这样说的：其故乡羽后秋田一带的"小豆磨"并非水中精怪，而是

---

① 原文写作"アズキコシ"。——译者注
② 此处的町为长度单位，1町约为109米。用作面积单位时，1町约9917平方米。——译者注

山中神明。简而言之，需要进行对比研究的理由首先在于查清小豆洗出现的不可思议的地点是否一定要在悬崖崩塌或河岸掩埋的浅水地带及其附近。只是发出声响的妖怪并非只有上述两种，除此之外尚有"天狗倒"[①]和"啪嗒啪嗒"[②]等等，数量众多，不胜枚举。且无论是在山中还是深夜，结论其实都一样，若非孤独寂寥之时，或许只会想想"刚才那是什么声音呀"，只有那些一开始就心怀恐惧之人才会将其幻想为妖物作怪。清水君大概从土桥联想到了崩塌，实际可能并非如此。自古以来，妖怪都以出现在路边吓唬行人为原则。正如那些做零售的临街小店，对妖怪们来说，胆小之人便是它们的熟客，尤其是山口坡道、渡口桥梁这类地方最适合它们出来做生意。如此说来，妖怪之中以声响吓人的似乎比以外表吓人的要正统，这一点可以从许许多多有关奇异声响的情节中得到证实，无须井上圆了的高见。就如将夜间的怪声解释为鸟鸣或振翅之声一样，把小豆洗当作鼬或貉的动静也并非荒谬可笑之事。我在上文提到过自己向茅原老人汇报了佐渡的撒沙狸之事，就是我年少时总听到的故事。一个男人月夜里走在利根川堤岸上，突然看到一只猫咪似的生物窜过路面跑向河边，不一会儿似乎在沙洲的水边摔倒了。那人站着看了一会儿，只见那头小动物又顺着原路跑了回去，噌噌地爬上了前面的一棵大树。那人本以为自己只是看到了一只猫，便若无其事地从大树下走过去，结果树上突然落下了大把大把的沙子。所幸我已经事先从渡口小屋里远远

[①] 深山中突然出现的巨响，前往声音发出的地方却找不到一丝痕迹。或指本不可能倒塌的大型建筑物毫无征兆地发出巨响垮塌。——译者注
[②] 深夜发出怪异声响的现象。——译者注

看到过那棵树，若当时是不见五指的黑夜，或曾经发生过两三次同样的事情，想必那里就会成为撒沙狸的大本营了。因为那个地方的人真心相信是狸所为。我曾经把这个故事讲给精通狸的河濑博士听，得到的回答是狸确实有可能做出那种程度的恶作剧。实际上不仅在日本国，世界各地对鸟兽觅食以外的生活状态及习惯癖好都缺乏系统的研究。听过尾崎狐与犬神的故事后，人们往往不禁思索是否存在着某种完全未知的生物，若非如此，则必定是某种已知生物还有着不为我们所知的特性，二者必有其一。尽管如此，我也并没有将小豆洗事业的法人代表立刻决定为鼬或貉。其实若是鼬或貉反倒更难解释，我只是认为，可能是某种大型水栖动物正好在那一带产崽或觅食，它们快速拨动水中砂石的声音便有可能是小豆洗之声的由来。但有一点仍需要特别进行说明，清水君本人也已提出了这个问题，那就是为何世间声响如此之多，人们却偏要把它听成了淘洗小豆的动静呢？我对此做出的回答是：从与小豆本身相关的日本民间习俗着手进行分析，才是最为自然的顺序。虽不可说全国每一处小豆山口、小豆坡都绝没有混入"干涸（发音近似"小豆"）"这一古语动词的音节变化，但也必须思考这些地名的来源是否与和小豆相关的习俗有所联系。再往前追溯，连"小豆"本身的发音也该研究一番。最近闹得沸沸扬扬的神符降临中，也有人把天上落下来的红色果子说成了小豆。《怪谈老人杖》第三卷收录了以"撒小豆之妖怪"为题的故事，说麻布附近有个俸禄二百俵[1]的大藩士，夜里家中突然传出"哗啦哗啦"

---

① 俵字在日语中指用稻草或茅草做成草袋，一般用来装米或者木炭。——译者注

的撒小豆声。随后那个声音越来越大，最后竟成了将整整一斗小豆撒在屋顶上的巨响，过了一会儿那个声音再次变成"哗啦哗啦"，不久便消失了。由此可见，小豆洗这种东西早已不甘于在土桥下淘洗，也跑到别人家屋顶上大显身手了，因此也可说明，只凭鼬貉之流远远无法完全解释全天下的小豆洗。因而这一主题还要待收集更多同类材料后方可继续探讨。

（《乡土研究》大正五年五月刊第四卷第二号）

呼名之怪

　　关于呼人名讳夺人心神的妖怪，樱井秀君提到了元和四年与元久（文久？）二年的两个事例，不过除此之外，在京都以外的地方也发生过同样不可思议的事情。《月堂见闻集》第二十九卷，享保十九年五月的记载中就有下面这样一段话："同年九州之地，每入夜便有妖物逐户叩人家门，凡开门者皆气绝。此事起于去年五月中旬。此间已转至备中备后之地。有能者授之众人曰，以和歌'知我名者欲何往，此间已有神明宿'贴于门上，遂令近来所生之祸渐少。备中之人皆庆幸不已。"可是根据后段的记载，有人当时去过九州小仓，却从未听说过那件事，因此那有可能只是无中生有的虚言，但有神明宿那段和歌的大意又正好与文久年间的事例几乎一致，想必也是有一定由来的。

（《乡土研究》大正五年一月刊第三卷第十号）

团三郎的秘密

　　我上回到八户游玩时，从小井川润次郎君口中听来了颇为有趣的事情。据说在那个市的附近有不少村庄都流传着隐乡的传说，过去人们都能从那里借来碗盘餐具。后来因为有人没将借来的餐具归还，以后就再也没有人能从那里借到东西了。除了这个传说之外，还有不少古老家族保留着世世代代流传下来的旧器皿。我刚开始研究借碗传说时，类似的故事还屈指可数，如今却在全国各地陆续发现不少同类传说，那些并未流传这些事情的地区反倒罕见起来了。尽管如此，三户郡依旧可被称为异常之案例。首先在于当地留存的大量遗迹，其次也在于"檀厨"①这个地名。小井川氏说，但凡传说借碗的山谷和池塘附近，几乎必然会存在"檀厨荒"②或"檀厨"这样的地名。鉴于在其他地方尚未出现过类似的名称，这一名词或许与传说有着某种关联，这虽然在我们的意料之外，却诚然是个极为重要的线索。不知其他地区的借碗传说是否也伴

---

① 原文写作"ダンズ"。——译者注
② 原文写作"ダンツカアラ"。——译者注

随着这一地名。又或者存在着某个不同的故事对这个词汇做出解释。若能得到这个答案，我们的研究应该能向前迈进一大步。

可是，我对此能够产生的联想着实有限。佐渡存在着被称为二山团三郎的狸的大家族，相传还会借钱给人类。在掘金事业昌盛的数百年间，它们一点点捡拾、收集掉落在山中的财宝，最后在相川河原田中间的深山里过起了富豪的生活。常有医生被召至岛上看病，或产婆过去接生，无不收到了丰厚的谢礼。这个传说虽然在其他地方也常有所闻，但并未留下文字，反倒是越后一带的地方志里记载了更为奇异的传说：现在人们从海岸遥望佐渡岛时，依旧能看到二山顶端聚而不散的祥云，那便是团三郎居住的城郭。这段记载无疑体现出了浓厚的隐乡情结。若是出生在岛上的朴实之人，或许还能将人们口口相传的古老传说保留下来，可是自从这个故事的主人公变成狸之后，以往的传承就失去了原貌，要想将其复原恐怕是十分困难的。

将借碗的主人想象成狸一类生物的例子似乎在关东地区也曾出现过。并且诸如地下有座金碧辉煌的大殿被称为"貉宫"，里面的主宰者或居住者都是貉这样的传说在武州和上州都流传至今，连我都曾见到过那座大殿的所谓平面图。这则传说固然虚幻，但我并不认为它是凭空出现的。这一地区的借碗传说有一半发生在洞穴中，以前则必定是在水边。也许是因为传说发生的地点正巧在山谷深处或山洞的泉眼旁，使得故事内容不知不觉间变成了穴中野兽喜爱化作人形的形态。也就是说，传说的主人公越来越偏离人这一属性了。佐渡的例子中最值得注意的是，那个隐乡里居住的狸名叫"团三郎"，若这一细节曾经发生过改变，理应会变成更有狸特色的词汇，因此团三郎极有可能是偶然残留下来的古老部分。与此同时，遥远的鹿儿岛上也有一本方言集提到当地有人管狸叫"团三"。这是一个极为珍贵的旁例，或许其根源处还存在着与佐渡属于同一系统的传说。若想探明这一点，就有必要寻求当地人的支持。

要想在一个单一的地域范围内解决这样的问题，是无论何时都行不通的。若如此轻易便能解释这些问题，那所谓的问题必然在很早以前就不复存在了。正因为当中出现了疏漏，问题才会以现在的形式残留下来。团三郎这个名字也变换成了另一种形态，在四国广为流传。传说曾我家有名为"鬼王团三郎兄弟"的两个忠心耿耿的家臣，落魄后来到伊予和土佐交界之地隐居了下来，这个故事在当地的山村皆有流传。二人的事迹在《曾我物语》中也略有提及，但只是昙花一现，并未讲述到最后。虽说将什么人拉到偏僻的深山里并非不可能，可是若此为虚构而并非历史上真实存在的人物，那么此种结局就着实过于怪异。另外，伊予深山里的故事后续也略显夸张了。团三郎俨然成了常陆坊海尊①一般的存在，庇佑当地的人们。同时传说里还提到了团三郎身边有一位老妇，有人说那是曾我兄弟的母亲满江，也有人说那名女性久居深山，似乎还成了近代和灵大明神②的神灵，与山家清兵卫③的故事还有点关系。在我看来，这似乎也能算作"团三"一词的另一种截然不同的发展与演变。相邻的

---

① 在《源平盛衰记》《义经记》《平家物语》中登场的人物。相传后来成了长生不老之人。——译者注
② 原型是宇和岛藩家老山家公赖，他曾是伊达政宗的家臣，后来遭人谗言被害，死后引起一系列作祟骚乱，后被查明无罪，伊达政宗的长子秀宗便为他建立了神社加以祭祀，封其为和灵大明神。——译者注
③ 清兵卫即公赖。——译者注

土地容易受到彼此的影响，因此若想探明隐乡思想的古老起源，倒不如去寻找遥远陌生土地的传说，反而可能得到更多提示。而我所掌握的材料恰好位于佐渡和伊予、土佐，以及九州南端这四个角落。尽管我并不打算断言这是一个信仰的末梢现象，但不管怎么说，我还是希望将今后调查所得的资料与这四个地方的乡土志研究者进行交换，为彼此做个参考。

（《东北之旅》昭和九年六月刊第九卷第六号）

狐狸难产与产婆

古老的故事已经披上新衣，至今仍在我们的生活中延续。这里就有两个例子。

其一据说发生在五六年前。一位在筑后渡濑车站旁边开诊所的产婆某天深夜被一辆车子请到了从未听说过的人家里。前来迎接的男人看上去三十岁上下，举手投足带着点生意人气，说起话来语速飞快。鸡鸣时分才好不容易接生下来，产婆换上那家人拿来的绢丝寝衣就睡下了，迷迷糊糊之间却惊觉自己睡在了江浦街道旁的荒草丛里。不过枕头底下倒是真有一个装着崭新五日元钞票的纸包。

另一个事例发生在三十年前的因幡岛鸟取市。市里一位有名的产婆某天被轿子接到了郊外一里地的一座大宅子里。虽然是很棘手的难产，但也总算结束了。随后产婆又被送上轿子，下了山走过一段平地后被送回了家中。第二天一早，产婆发现门廊上多了两只野鸡，又过了一天早晨，再次收到了鸽子和鹌鹑，接下来的整整一个月，她每天早晨都能收到几只野鸟，并且那个产妇的家无论怎么想都不可能存在。因此人们都说那其实是狐狸的家。

这些无稽的故事似乎收集起来并没有任何意义，但随着地域和讲述者的不同，故事的内容也在发生着细微的变化。只要将其放在一处仔细比对，最终应该能寻觅到它的起源。因此我想尽量多收集一些详细提及地名和人名的资料。

（《民族》昭和三年九月刊第三卷第六号）

关于饥神

三十年前，我曾从同窗乾政彦君那里头一次听到了这样的故事。在大和十津田的山村一带有种现象叫作"疲累"①附身。一个人走在山路上会突然感到强烈的疲劳和饥渴，连一步都走不动。若没有人及时相助，甚至还有可能就此倒在路旁死去。只要吃下一点食物，那个人就能缓过劲来，渐渐恢复正常。人们似乎普遍将这种现象解释为被"疲逆"这种看不见的恶灵附身了。为什么这种生理现象只会发生在某条山路上，为了思考这一问题，我认为首先应该广泛收集各地的实例。那些被印刷成文字的报道也应该简单罗列出来作为参考，使其成为吾辈共同的财富。

目前所知最古老的相关书籍是柳里恭的《云萍杂志》第三卷。里面记载了作者本人在伊势到伊贺途中的某个山口遭遇此劫，最后被大阪的药种商人所救的事情，作者还将其称为恶鬼附身。最后他又评论道："虽不可目视，实为各地乞食而饿死之亡人怨念，残留于世间即为此物。"

---

① 原文写作"ダル"。——译者注

那本书在后面的附记中再次提到，作者后来遇到一位播州国分寺的僧人，听闻那人年少时前往伊予国行脚途中也曾被恶鬼附体。从此以后他每次出门都不忘带上一点米饭包在纸包里，遇到疲乏之人便分一些给他。

大和一带的深山似乎频繁发生这种现象。《和歌山县志》下卷第五百八十七页就收录了某本书上的内容，说熊野大云取小云取山中有好几个不知深浅的洞穴，人们都管那叫"饥渴洞"。路过之人只要看一眼那些洞穴，马上就会产生上文描述的症状，随后还附上了一则旅僧的实际经历。那名僧人按照路人教给他的方法，嘴里咬着树叶，好不容易挣扎着赶到十町以外的山寺中才终于得救。

这本书上还说，这种现象俗称"疲逆"附身。又提到该县西部的丝我阪也发生过类似现象。丝我阪属于县道，自然会有不少人员通行。

其实"疲逆"有可能是误听之词。森彦太郎君的南纪土俗资料方言部分提到，走在山路上忽感疲劳之现象称为"疲力"①。该书俗信部分也记载了日高郡山路的山村里流传，中了"疲力"时只要在掌心写个"米"字舔一舔就能恢复。

大和宇陀郡室生寺的参拜路、佛龙寺坡北登山道的中段等地方也有饥神附身的地点，这些都在高田十郎氏的个人杂志《奈良》第二十七号"奥宇陀纪行"中有所记载。他虽然没有亲眼看到被附身之人，却看见那里有一座文久三年修建的供养塔，在法界万灵的文字下方，还刻有

---

① 原文写作"ダリ"。——译者注

十六字谒文和一首和歌：

> 舒臂向真心，浅水亦化海。
>
> 摩尼山下，溪水津津，若供一勺，便是至仁。

在遥远的长崎县温泉岳山脚下，也有流传着这种路途灾祸的地区，那里将其称为"疲似"[①]。已故井上圆了氏在《妖怪正体》一书中引用了《读卖新闻》的报道，说某个学生在这座山的"字小田山"下山途中的一个名为"辻"的坡道上救了一名被害者，后来到了寒假，那名学生再次路过此地时，自己也中了"疲似"。想挪动身体，手脚却动弹不得，只要不动倒是不痛不痒。据说只要身上带着一点食物就不会遭遇此劫，但某年却有个卖鱼的人昏倒在了鱼箱边上。

同一地区最为详细的实例有四个以上，本山桂川君编辑的《土铃》第四号中便有记载。地点虽然也是温泉岳附近，却是在南高来郡爱野村到岛原城下的路途中，一个叫岩下越的山口附近，跟上文的地点应该不同。这里的例子似乎并不像室生的事例一般精确到同一地点。这种现象也被称为"疲似"，一旦中了就会全身瘫软、手脚无力，冷汗直冒而且腹部僵硬。还有人曾见过捂着肚子一直喊疼的受害者。这与上文提到的学生遭遇又略有不同，有的人将少量食物投入旁边的荒草丛中就恢复常态了。相传是因为以前有远行之人在附近饿死，其后阴魂不散；另外一

---

① 原文写作"ダラシ"。——译者注

种说法则是这里过去曾经有人吊死过。而在掌心写个"米"字舔一舔即可破解的方法也与纪州类似。

从上文可以看出各个地区对这一现象的称呼都略有不同，为方便起见，我便用较为容易理解的"饥神"统一代替之。若各地发现类似的真实经历，或记录了相关内容的文献资料，请务必与我联系。对这一现象的原因和理由有所掌握之人，也请说出你的见解。因为这一主题目前只存在少量资料，我尚未开始深入研究。

（《民族》大正十四年十一月刊第一卷第一号）

座敷童子（一）

纪州高野山的旧记中看不到座敷稚子的内容，那两位纪州人说的大概不会有错。[①]而且我之所以会说出即便书中没有，实际上也可能存在这样的话，并不单纯因为刊登在大阪某杂志上的那个故事像是对此深信不疑的人所报告的。毕竟我到现在都没有读过《新社会》。

大约在一百多年前，东京也曾有过"仓童子"[②]住在家中的例子。由于那样的家庭多少都存在隐世倾向，那些故事竟意外地被早早遗忘，又或者与其他不可思议的故事交杂在了一起。传说本所二丁目相生町和绿町之间的小巷子里住着一个叫梅原宗得的人，他家老旧的地窖里住着一个从不为害的妖怪。不仅如此，妖怪似乎还会变化成各种外形出现。

---

① 本文为大正九年出版的《奥州的座敷童子》（佐佐木喜善）卷末题记。佐佐木喜善在整理本书资料时，曾向多方发出调查问卷，其中有人回答纪州高野山也有红衣垂发的"座敷稚子"，后佐佐木又向纪州的两位人士发出问卷，得到的回答却是并没有类似座敷童子的传说。关于此事，佐佐木在书中附上了柳田国男的评论："或许只是书中没有记载，现实中还是存在的。"因此才有本篇开头这句话。——译者注
② 原文写作"クラボッコ"。——译者注

凡是进入这个地窖干活的人，若没过多久就感到便意，那一定是这东西要出现的征兆，在里面的人都会赶紧跑出来。

它夜里会发出拖动铁棒的声音。同金刚三昧院的小僧一样，它也被当成了防火之神加以祭祀。这个家里还会制作免除火灾的守护符，相传还相当灵验。只是不知为何祭祀的日子是每年四月十四日。那天人们会张灯结彩，供奉点心奏响音乐大肆祭祀。不仅如此，据说有一年附近发生了火灾，这家人来不及防备，手足无措时，只见一个陌生女人突然冒出来帮忙把东西都搬到了地窖里。那个女人垂着一头长发，怎么都看不清面孔。不一会儿她自己也跑进地窖里，从里面关上了门。江户城中很早之前就出现过这种奇瑞之事，但仅限于供奉守护符的人家，因此人们大肆祭祀想必也是由于这个缘故。那个旧地窖是一座石砌的库房，里面没有什么奇怪的东西，只是角落的架子上摆着一只五六寸见方的箱子，从来没有被挪过地方，也没有人去碰它。人们认为那可能就是这些奇事的源头。这则故事被记录在十方庵的《游历杂记》第二编下卷中。那个梅原一家和古老地窖如今怎么样了呢？说不定最后还是被烧毁了。

我感到颇为有趣的是，座敷童子与我方才讲述的故事，以及田原藤太郎所说的心得童子似乎有那么一点关系。那种东西在佛教中被称为护法、天童或使者，且原本就是被佛力吸引而来的，因此就算会侍奉人类，也只会跑到高僧身边去。至于我们的心得童子，则是一般俗众家也会去的。一旦跟了一家人，则会一直庇佑他们直到家财万贯。有的心得童子与座敷童子极为相似。据说出羽的鲤川附近住着一对贫穷夫妻，某天突然得到了这类灵物的帮助。据说那是发生在宝历七年的事情。虽然从未露出过身影，但总能听到不知从何处传来的窃窃私语。那对夫妻渐渐习惯了灵物发出的声音，也就不再害怕了。那东西给予的主要帮助是为夫妻预知未来，而且无一不中。有时也会应夫妻的请求为他们带来食物等，与此同时，附近人家的年糕乌冬一类的食物也会莫名消失。当时有人听到它的声音要将其捉拿，它却无影无形力大无穷，就算扭打起来也从未输过。只是这些细节里究竟包含了多大程度的夸张，现在已经不得而知了。津村氏的《谭海》第二卷收录了这个故事，还补充说后来不知何时，那些帮助就断绝了。

佐佐木君所收集的这些事例，除了已经被物语化的两个小姑娘的故事之外，更多的灵物其实应该是连话都不怎么说的，更别提预言的例子，这点其实比座敷童子本身还要不可思议。后世究竟会如何解释这种现象呢。随着时间的流逝，人与神的隔阂本来就会渐渐增大，灵物出现的次数也越来越少，于是原本常见的事情成了不得了的稀罕事，所以现在就算一言不发，露个脸也能达成目的。这样一来，也就昭示了民间巫道的衰微。与佛教高僧从天上召唤护法童子一样，我们的巫女似乎也会运用秘法制作自己的心得童子。并且为了方便旅途携带，巫女们还会将它们从身体里抽离，使其成为灵魂状态后带走。这样一来，一般人自然就无法看到。巫女们也能令其附在各种东西上，娴熟地利用这些童子，让其在暗中解释一些可疑的事情，又或者附到他人身上。只是还有一点不太方便之处，那就是利用完毕之后，这些本来就不拥有身体的灵魂也就无处可去了，因此才会一直逗留在术者家中。这些与一直都留在旧家里的座敷童子是否有所关联呢，若真的有，那也就成了我在《关于寅狐》^①的附录中准备讲述的问题。

最后我还要再讲一点，为什么住在座敷里的多是童子，这是非常重要的问题。我们这些生活在明治大正年代的人都知道，活人之中老人最为贤明，也更喜欢传道授业解惑。可是但凡有些力量的神明，多数都会以少年形象示人，或至少也要派个童子来传达神意。座敷童子可能也属于这种现象。由于蒙昧时代的人并不认为教育和修养能够改变人性，因此，那些所谓若叶之魂，即尚未被污染的新生之物才会受到格外的珍视和重用。佛教的轮回思想中，灵魂并不会因为宿体不同而产生变化，无论是依附鱼虫鸟兽或是人类，灵魂都不会有任何进化或升华。所以便如同"一年之计在于春，一天之计在于晨"这句俗话一样，人们会将经过一段时间休养后出现的新灵魂奉为上品，若有条件便会尽量使用。这一思想或许就是现今依旧盛行的不把死婴埋葬在墓地这一奇异风俗的缘由。若如此，则亚洲其他民族中供养小鬼为家宅守护者的手段，那些可怕得难以言喻的仪式或许还与之有些关联。座敷童子有时会被当成火灾的前兆，还有人认为它具有防止火灾的能力，这也是过去惧怕火灾之人祭祀这种灵物的一些残留痕迹，换句话说，这有可能暗示了这种妖怪的来历。不管怎么说，对死婴的处理方法是揣摩我们祖先心境变迁的极好材料，因此我打算另外探讨一下赤子冢^②的主题，思考人类运势和灵魂的古老关系。只是埋在家中这一细节我还从来没有关注过，因此有必要

---

① 寅狐是一种附在人身上的妖怪，相传为长篠之战后被舍弃在神社里的狐狸怨念所生。——译者注
② 冢字在日语中写作"塚"，有坟墓和土堆的意思。——译者注

拜托佐佐木君，请他以后多多进行调查。

至于其他问题，比如座敷童子与"屋内神"之间的隐秘关系、"御白神"这一称呼的起源以及座敷童子的脸是红颜色与爱吃红小豆之间的联系等如果能够一一研究下去，那么现在将这些故事作为娱乐消遣的读者，若是到了开始思考国民这一存在之时，或许他们会回想起这些故事，发现里面竟包含着格外深刻的意义，当他们渐渐产生这种感觉时，我们的研究应该能够成为了解民间历史的一点小小线索。正好在十年前，我受佐佐木君启发写作《远野物语》时，还没有一个人对座敷童子持有关注。到了现在，总算有一部分学者站出来引领了研究前沿。以前那些不由分说一口回绝，或直接对我们不予理睬的地区，应该在将来的某天也能迎来春暖花开冰雪消融的时刻。请各位借助这本作品，将它当成汪洋之上的一叶扁舟，让它载你前往更多未知的领域吧。

佐佐木君无暇去往各地旅行，只能留在猿石川那个小盆地绞尽脑汁搜刮各种故事传说，这种境遇固然可怜，却也称得上难能可贵的经验。长时间专注于一个事物，这样的态度对我等自由散漫的游历之人来说是可望而不可即的。《奥州的座敷童子》被编者称为《奥羽民谭集》第二卷，那么将要成为第一卷的文字又会何等珍贵呢？唯愿通过脉络相连的种种线索，能够为世人明示未知的东北文明之尊贵起源，在我等灵魂尚未移至下一个容器前，如同明镜般映照出国民的真实面目。

（大正八年十月）

附记

该文章收录于佐佐木喜善氏《奥州的座敷童子》（《炉边丛书》）卷末。

座敷童子（二）

明治四十三年盛夏七月前后，陆中上闭伊上渊村的小学里出现了一个座敷童子，常跟孩子们在一起玩耍。可是只有一年级的小朋友能看到它，孩子们一个劲地说它在这里在那里，大人和稍大一点的孩子却怎么都看不到。远野町的小学里也有学生闻讯跑过去看热闹，依旧只有一年级的孩子才能看见。据说那个座敷童子每天都会出现。十七八年前，当远野的小学还在使用御仓（南部家的米仓）时，不知怎的传出学校里有小孩幽灵出没的传闻，大家还一起去看过。我有一个朋友就说自己看到了。每到晚上九点左右，就会有个身穿白衣的六七岁童子从门缝钻进来，走到教室里在桌子椅子间钻来钻去，不亦乐乎。我觉得那应该也是座敷童子。

（《乡土研究》大正三年八月刊第二卷第六号）

自家性命早相送

　　《远野物语》极度忠实地记录了口口相传的故事，结果使得以镜花君为代表的一派人诟病这些只是同一个故事的几个版本而已，我略想反驳几句，其实爱执笔之时我早已知道远野之外也有类似的故事，甚至西至九州边缘也存在着类似故事，这些都是重要研究资料。可是若把这些资料一一罗列出来，反倒会丧失了趣味性，因此我才将重点放在了本地的案例上。

　　例如川童牵马的故事，早在那之前我就开始了研究，还思考过这个问题与罗生门的阿纲①有所关联这一颇为有趣的事实。

　　其中有个稍显奇特的故事我想在这里讲述一番，那便是某个有钱人家的祖先如何发迹的事。

　　某天有个人路过闭伊川原台之渊，突然遇到一位非常美丽的女性，让他把一封书信带到某个地方去。那个人目不识丁，就特别小心翼翼地

---

① 相传罗生门有鬼作乱，被源赖光四天王之一的渡边纲斩断了手臂。——译者注

带着信上路了。途中遇见一位山伏，那山伏听了他的话觉得事情有蹊跷，便让他把信拆开看看。随后又告诉他，如果将这封信原封不动地送过去，你的小命就难保了。紧接着山伏又说，我帮你重写一封，便替他写了另一封书信。那人便不动声色地拿着山伏给他的书信来到目的地，又见到一位非常美丽的女性接过了信件，她展开信读了一遍，随即大喜过望，送了带信人一个小小的石臼作为谢礼，并告诉他但凡有想要的东西，只需转一圈石臼便可得到。

不过，这则罕见的故事也绝非突然出现的，当中必定蕴含着几百年甚至上千年的历史积淀。

首先举两个近期的同类型故事：

甲州国有个国玉村，村中有一座名为大桥，实则非常短小的石桥。这座石桥跟郡内的猿桥关系很差。要是有人敢在猿桥上提起大桥，就一定会遭殃。

过去有个人从武州前往甲州，穿过猿桥时一不小心提到了大桥，此时不知从哪冒出了一个妇人，问他如果要去甲府，能否帮忙把这封书信送到国玉的大桥去。那人答应下来后才发现妇人并没有告诉他收信人是谁，于是就在半路上偷偷把信拆开看了一眼，没想到上面竟写着杀了这个男人。

他顿时大吃一惊，慌忙拿出随身携带的笔墨将内容改成一定不要杀了这个男人，随后才若无其事地把信送到了大桥。

此时大桥上也出现了一个妇人，用甚为可怕的表情看着他，可就在她读完信之后，脸色突然一变，连连道着谢离开了。就这样，男人平安无事地渡过了一劫。

备前的福山附近也有类似的传说，我一时想不起来地名：

　　一个养马人某天牵着马经过某地的山坡，一名妇人出现，托他帮忙送一封信。那人总觉得事情有蹊跷，就请路上遇到的山伏偷偷帮他看了信的内容，结果信上写着这样一段话（前文略）：
　　一、牵马男人的肚肠　一副
　　　　自家性命早相送
　　　　奉为礼品如上书
　　养马人听了大惊失色，最后也让山伏帮忙篡改了内容，这才把信送了过去。

不过这个故事里的养马人倒是没有拿到可以变出钱财的小锤子一类的谢礼。这个传说在日本的源头要一直追溯到八九百年前，《今昔物语》中就出现了两三个类似的故事。其中之一是这样说的：

　　一名回京途中的旅人在美浓路某处被托付了一封信件。寄信人也是女人。她说只要把书信带到势田的长桥去，自然就会有人出来收取。
　　旅人也在途中把信打开看了，可是上面写的全是看不懂的内容。于是他重新封好书信，若无其事地来到了势田桥边，果然有个美貌非凡的女人走了出来，问他是不是带着给自己的书信。

旅人呆呆地拿出书信，女人当场拆开来看，紧接着神色大变，对旅人说你这个坏人，是不是在路上把信拆开了。

与此同时，天地突然发出轰鸣，旅人陷入了危机。

这种故事为何竟会无论古今东西，全都在这些令人意想不到的地方表现出惊人的一致呢。要说不可思议，这点远比故事本身要不可思议得多。而且我最近才发现，这个故事是从中国传过来的。顾炎武的《山东考古录》一书是研究泰山的书籍，其中就有一则被称为当地传说的故事：

从前有个旅人到山东，经过泰山脚下时遇到一老人，被他托付了一封书信。老人说："你横渡扬子江那天，行至河中，把书信交给来人便可。"①

旅人虽然感到奇怪，但毕竟是个老实人，也没偷看书信，如约将其送到了扬子江。

当他乘船行至扬子江中流时，果然出现一位年轻貌美的妇人，接过了书信。

这封信上并没有写杀了这个人。

---

① "山府君所召，令致书于女婿河伯。云：'至河中流，扣舟呼青衣，当自有取书者。'果得达。"——译者注

旅人只是得到了谢礼，然后便再没有后话了。

不过也有人说，那封信是泰山山神写给自己女儿的。山神的女儿嫁给了扬子江河伯，信中写的其实是山东遭遇旱灾，请河伯过去略施雨水的事情。

这则故事真是令人费解，更令人费解的是为何这种莫名其妙的故事会万里迢迢传到了日本呢。而且，就算那是一个偶然，为什么人们的脑子里又会冒出如此跳脱的空想呢。这是学者们无论研究多少年都无法解释的人类秘密，而妖怪研究的妙趣，说到底也必须在这种渺渺神韵中发掘。想到这里我不禁感慨，宇宙第一不可思议的，果然还是非人类莫属。

（《新小说》明治四十年十二月刊第十六卷第十二号）

山姥奇闻

一

远州的某个地方，从火车铁轨穿过的水田之间，可以眺望到遥远北方县界的连峰。有时积着皑皑白雪，有时环绕着渺渺云霞。

我曾经从天龙川上游顺着那片地区而下，进入重峦深谷之中。我惊讶于人类沿着水路不断向深山推进的发展之力，但更是惊讶于山峦并未因此而减弱或衰退的坚守之力。超越了平地生息者之想象的寂寥求生之路，由此产生的强烈大山情结，一直在触动着人们的心弦。

《远江国风土记传》这本百年前的记录中写道："丰田郡久良几山，奥山乡大井村字泉有一巨岩，位于明光寺山中，名曰子生岩。天德年间有山姥居于此，时而至民家事纺织。多年生得三子。长子名曰龙筑房，为龙头岭之山主，次子名曰白发童子，为户口村神泽山主，三子常光房为山住奥院之山主。"

山住的常光神社供奉的神明至今仍被人们奉为参远地区的灵神。这位神明的使者是御犬，亦即野狼，信徒们常常召请这位使者来驱除一切邪恶。

　　而且在同一本书中还提到，山姥的三个儿子有一年进入村庄害死了村民小孩，于是平贺中务和矢部后藤左卫门二人奉朝命前来讨伐，其子孙最终留在奥山乡里定居了下来。

　　虽然三子的母亲山姥逃到了后秋叶山居住，但仍然遗留了一些影响力，人们直到后世都还会每年到子生岩祭祀山姥。山香的相月村里也有一座祭祀山姥的神社。神泽今日也还流传着雪中发现白发童子足迹的传闻，山住山的常光房有时也会在积雪上留下足迹。住在那一带山村里的人应该都知道，藁科、大井、气多、天龙这些山谷中从来就没断过山男大脚印的传闻。不过那究竟是不是白发童子三兄弟的后裔，除却信仰之外，却再无方法可以验证。

二

　　山姥山姬的传说在山地的村落中多有流传，比如信越交界的群山就是一例。从关东到奥羽一带的山母被认为是与天邪鬼相似的存在，如今依然沦为只在童话中登场的妖怪。山姥一开始似乎也会在深山和村庄里走动，帮樵夫背柴，帮民妻纺织，这应该与北欧童话一样，并非单纯空想的产物。阪田公时乃是山姥之子这一说法，在《前太平记》之前并未出现过明确的记述，似乎只是煞有介事的瞎说。阿波的半田深山地带有个名叫中岛的村庄，那里的山上有一块叫山姥石的巨岩。据说那块巨岩附近居住着一个山姥，经常会带村里的孩子们到岩石上烤火。以前似乎也有人看到过。在别的许多山村里，每当那年冬天格外暖和，人们也会开玩笑地说山姥今年又在带孩子了。至于那究竟是不是真的呢，我们有权力持否认态度，但这种传说必定不会毫无理由地被编造出来。仅仅因为无法解释就采取无视态度，这样未免过于武断。

关于这点，我是这样想的。

第一种可能，是无论过去还是现在，深山中都有可能确实存在那样的人。无论是骏远、四国还是九州南部，凡是相传有山姥的地方一定都有山爷，也有人叫山丈，这里的"丈"是老翁的意思。与山母相配的名称是山父，山姥下面又有山童，这些都被统称为山人，而由于体型巨大，也被叫作大人。若这些是我们大和民族到来之前的原住民，为躲避外人而潜入深山，生下后代后分散至各地居住，自然一点都不奇怪。真正的问题其实在于我们这些文明更加发达的低地人为何会把他们当成了近乎神明的存在，并对其报以敬畏。

第二种可能从一个完全相反的侧面证明了山神信仰在从前明显还包含着对狼的恐惧。狼群集体行动时的威力，或者其聪敏和狂猛引起了人们的畏惧，人们认为只要加以祭祀便不会遭到加害，因而对其冠以了大口真神的名称，甚至以人类的标准想象出了狼的生育成长过程。御犬①生子的地方是灵地，每到那个季节还要特别慎重，供奉足够的食物以帮助其生养，这种风俗在各地都有流传。武藏的三峰山至今仍保留着那个时节的仪式习惯，据说御犬深夜发出嗥叫就是在催促人们尽快举行祭典。还有许多地方传说狼群首领会化作老妇的样子与人类打交道。这样一来，

————————————

① 也就是狼。——译者注

所谓的山姥育儿便有可能是从中演变而来的。可若真的如此，便又要重新解释深山积雪上的足迹为何跟人类足迹一样了。

三

　　第三种可能是进入山中居住的女性。隐居深山的女性多数都是狂女，说白了就是每时每刻处在大山的威压之下，最终不堪重负而发疯的山村妇女。她们通常都会深信自己被山神迎娶，高高兴兴地主动进入山中。曾经还听说过某个女性由于产后精神异常而跑到了山里。

　　日本固有宗教中存在着神之血脉的思想。后来又与奉先祖为神明的习俗合并在了一起，可是在一些边缘地带，依旧存在着自古以来便把明显超越了人类的神灵奉为自己祖先的家族。若那神灵是男性，人们还会认为只要将人类少女许配过去就能生下神子。除此之外，还有像上总的玉前神一样，本身就是女性神明，能够自然产子的说法。这些在后来都会成为我国神道的发展力量。无论是鹿岛、八幡、诹访还是熊野[①]，都不存在将御子神若宫信仰排除在外进行的宗教传播。故而即便山中的传说实际来自于女人崩溃的神经，人们也一如远江深山的传说一般，把现在的神当成前代神的御子进行祭祀。

　　虽然说了这么多，我的看法也只是假设，并不能算作最终结论。

----

① 皆指日本著名神社。——译者注

但是为了避免人们认为山岳只是现在所谓的阿尔卑斯党^①靠蛮勇才占领到的空闲之地，我决定最后再附上一则应该暗藏了些因由的奇异故事。

那已经是十七八年前的事了，当时我来到九州南部市房山麓的一座村庄，看到了一卷关于狩猎的古书。虽然文字模糊无法读出确切意思，但其中一节的某段话却被人们一直传诵至今。

过去有两个猎人，分别叫大满和小满，他们做好准备要进山打猎，路上遇到一个女人，那女人说我刚生完孩子，需要食物来填饱饥饿的肚腹。其中一人害怕坏了打猎前不能见血腥的规矩，断然拒绝了，另一个人则爽快地答应下来。故事到此戛然而止，让人难以猜测其中意义，但最近读了佐佐木喜善君刚出版的《东奥异闻》，我发现千里之外的北方竟也流传着同样的神话。岩手县的猎人都知道这么一个故事，那两个人分别叫万次和万三郎。刚生了孩子的女性其实是山神，凡是不顾血秽答应其请求的猎人都能得到永葆猎物丰盛的报答。虽然这只是《常陆风土记》中富士和筑波的故事，以及备后的巨旦、苏民两兄弟招待武塔天神的故事，甚至近世的取瘤和开花爷爷这类贤愚善恶两极在神的选择下或盛或衰之故事的一种变形，但其中提到的山神为女性，居住在山中并产下后代的细节却无疑是那个信仰的重要组成部分。即便九州和东北的这两个传说不像上文那般存在着一致性，这也可算是非常重要的暗示。问题仅在于那些爱着大山的人会不会去关注这些大山的神秘而已。

（《周刊朝日》大正十五年六月刊）

---

① 指登山家。——译者注

不入山

大山的神秘与其传至人间广受关注的事实完全是两码事。在我们看来，山里人讲究之多，甚至显得有些过于沉重。首先，他们围坐在山间小屋的火炉旁时绝不会乱讲山里的事情，即使眼前正在发生匪夷所思的事，他们也会为了不让年轻人受惊而绝口不提。

《骏河新风土记》就记载了这样一个故事：大井川上游一个下着大雪的夜里，小屋周围不断传来"咚、咚、咚"的脚步声，像是有人绕着屋子转圈。一个人吃惊地问那是什么声音，另一个老爷子却只是哼了一声没有作答，然后倒头便睡。没一会儿脚步声停了，接着却响起了用手撼动小屋外墙的声音。那人吓得猛坐起来，再次把老爷子推醒，结果却被怒斥了一顿："在山里睡觉随时都能遇上这种事，你吵吵嚷嚷的还有完没完了，给我老实睡觉！"可是那人还是一夜都没睡着，第二天一大早就逃了回去，还让人笑话了。那一带确实特别多这样的故事。

一般没什么经验的人住到山间小屋里，点起一炉火准备过夜时总是会想听听这类故事，只是很少有人会说给他们听。讲述山中各种不可思议的奇闻，同时也意味着直接承认了大山的威力。一旦说出那种话，自己的气势就会首先弱化。因此不仅有人会笑而不语，甚至有的人还会一口咬定自己从未遇到过任何怪事。事实上，他们作为个人虽不会遇到那么多倒霉事，但长年累月下来还是能听到不少的。只不过这些事情真的不该在那样的地方讲述罢了。

多数神秘故事都是临终之人，或过于衰老无法再进山干活的人在向徒弟传授经验时顺便讲述的，那样的故事一般来说都更具有真实性。除此之外，纯粹为了好玩而讲述的故事，即便不是虚构的，也可将其视为道听途说的夸大产物。只要听上两三回，就算毫无经验的人也能马上辨别出来。与一般村落的妖怪不同，深山里很少听说有咬人吃人的东西。那里只存在着难以言喻的恐怖。又或者吓得浑身寒毛直竖，故事到这里就戛然而止。而且此时讲述者都会无一例外得出我以后再也不打猎了，或是我以后再也不到那一带去了的结论。就算他们的遭遇本身并没有什么奇异，当事人却做出了自己的认同，并不认为这仅仅是一件无关痛痒的小事。也因为如此，他们才会不愿意对那些轻易做出批判和妄下定论的人讲述自己的故事。

有人也觉得这种事到处都能听到，但这也并非否定，因为山里人从一开始就选择了全盘相信。他们坚信山中存在着村落里不可能成立的另一套法则。其中我正在收集资料的有天狗笑、天狗倒之类，以及长时间发出斧锯之声，或多人谈笑声的伐木坊现象。此外还有积雪厚重的高山上传来的笛声和太鼓声。这些现象发生的地点绝不仅止于会津的御神乐岳。最让我认为饶有趣味的是，一个村子好几十号人竟会不约而同地产生那种幻觉。即便是一时眼花，也绝非只有一个人发作，其他人听了他的话就深信不疑这一种情况。甚至有人传说美作的某个深山里有一处水池，那里的水鸟全都只有一只眼睛，见到的人吓得一溜烟逃了回来。这种东西其实也是大家共同的信仰。若哪天享受大山的人变成了彻头彻尾的个人主义，想必也就是大山神秘的终结之时了。

（《周刊朝日》昭和六年八月刊）

山人赶集

南方先生所谓的"真山人"究竟为何物。若说"他才是真的武士"，其中这个"真"的含义想必我们都能理解。那么真山人的意思无疑是指保守旧习赤足裸体的山人。可是要说所有山人子孙都是如此，我却能举出反证。我所持有的反证还不仅仅是文献记录中不可能漏掉裸体这一明显特征等等这样的消极证据。鄙人引证自《远野物语》第七卷，就是不通人言甚至会把与人类所生混血后代杀死或吃掉的山男将穿衣当作了生活常识这一内容。除此之外还有一两个例子，但我并不打算在此赘述。总之，无论这种现象属于开化还是堕落，山人喜食米饭惯穿衣物乃是他们在近代的变迁，而鄙人认为这一风潮始于山人中的混血儿，而那些混血儿又是从他们属于日本人的那一方血亲（多数是母亲）那里学来的。虽说如此，要让他们习得织布裁衣这一本领又未免过于风雅了。在不能种植棉花的寒冷地区，村民们通常会购买二手衣物。甚至连关东乡村的集市里也能买到头巾、围脖、袜子、秋裤，甚至汗衫羽织等各式衣物了。而且那些也并非全是二手货，当中也有全新的成衣。那些皮肤较父辈更为柔嫩的山男们应该会悄悄跑到集市上购买这些衣物。佐佐木君就向我报告过这样一件事：陆中海岸大槌町集日，每每有一口音不似本地者前来买米。此人身形高大，双眼圆而黑亮。镇中人皆以为山男。相州箱根的山男赤身裸体以树皮为衣，居于深山以捕鱼为业。每逢集日便将渔获之物携至村中交换米粮。人们皆习以为常，不以为怪。买卖之余并不多言，事毕则返。有人尾随其后欲寻其住处，但见其于绝壁悬崖之上健步如飞，终无功而返。据闻小田原领主下令，不加害于人之物无须以枪炮击之，故彼亦无须刻意惊吓。（《谭海》第十二卷）虽然这并不是购买旧衣物的例子，着实有些可惜，但足以证明他们已经开化到懂得赶集的程度。而且要达到让集市的人对他们身份起疑的程度，必然还要经过一段长时间的往来过程。即使是最为平静祥和的偏远深山里，也曾居住过从外邦而来的樵夫和旋碗工匠①。特别是翻过山岭到邻国河谷里钓山女鳟的老爷子，其中一些人就会沾染山气变得沉默寡言。这些人一进入村庄，势必会有人猜测他们可能是山男。虽然这只是我单方面的说法，单单从外表上确实难以对两者进行分辨。当然山男也有可能会在母亲的教导之下装扮成樵夫或旋碗工匠，甚至钓鱼大爷的样子若无其事地去集市上买衣服。而且镇中之人会猜测某些人是山男，想必也是有一定依据的。事实上，他们还会在知晓山人身份的前提下展开一些大规模的模式化贸易。这在外国被称为柜市或默市（silent trade）等等。关于这些，南方先生是最为清楚的。在《诸国里人谈》以及兰山的《本草纪文》等书

---

① 用旋床等工具制作茶碗等日常用具的工匠。——译者注

籍中就引用了《本草纲目》关于交趾国奇楠①贸易的记述。在日本，武藏与甲斐交界处的大菩萨山口，多摩川上游到秩父大宫的六十里越道祖神祠前，以及内外日光交界处的山岭上直到最近都还有默市。当然，参加者并非什么无名山人，集市的主要目的还是在于节省双方的步行距离。不过试想一下其起源，除却省力之外，那些不想知道彼此真面目的人以默市的规矩为保障，建立了默认的共识，这样的例子应该不少。不发一言，不交吉凶，只为眼前的利益进行交易，这样一来，不管山那头来的人是平家残党、八掬胫甚至恶路王的后裔，人们都一视同仁。

（《乡土研究》大正三年八月刊第二卷第六号）

① 奇楠，是沉香的中的一种，即伽南香。沉香的别名。——译者注

山男的家庭

　　山男往来于集市采购旧衣大米，这种事听来奇怪，实际到现在已经不再稀奇了。至于为什么要采购旧衣大米，鄙人只能回答是因为穿衣服暖和，大米饭好吃。那么可能有人会问，山男怎么会知道穿衣服暖和，大米饭好吃呢。在回答这个问题之前，我还有至关重要的问题需要进行说明。这点可谓是山人文化史上最为显著的划时代要素，我们进行山人研究的必要性也由此而来。其内容便是：山人为了满足出于本能的需求，不得不从他们所敌视的日向人中间获得配偶。当然，他们之中也存在着皮肤白皙的女子。

　　　　熊野山中烧炭人处曾现一七尺大山伏。烧炭人将鱼鸟之肉投于火中，闻其腥臭而退。又曾有一肤白之女逐野猪群而来。（《秉穗录》）

　　　　熊野山中现一长八尺之女尸，发长及足，口裂至耳侧，其目亦大于常人。（《秉穗录》）

　　　　日向国饫肥山中猎人所设之陷阱现一怪物尸身。形似

人女，色甚白，黑发极长，全身赤裸。似人而非人。此为
山神或曰山女，多现于深山。细细思之，人之初始应为山
女所产。若非如此，又何来孕育婴孩之人。人之自然涌现
者近乎虚言。后世亦有阪田公时之流以为佐证。（《野翁
物语》第二卷）

后半部分的人之初始说其实可以不必引用，但其以阪田公时为后
世之类例佐证，简单粗暴地解决了我等为之大伤脑筋的山姥问题，这一
勇气着实值得钦佩，故而我选择了继续引用下去。此外，还有另一处文
献记录了很可能是同一传说的内容。

日向国饫肥界内山中，近年于菟道弓捕获一怪异之物。
其形似人女，色甚白，黑发极长，全身赤裸。似人而非人。
猎人见之亦惊奇，问其名称，人皆云此乃山神。后恐其亡魂
作祟，不敢取而弃之，亦不敢置之不顾。尸身无人照料日渐
腐败，后亦无亡魂作祟之事。又有人云，此物名为山女，乃
居于深山之物也。（《西游记》第三卷）

萨摩之人上原伯羽谈曰，彼国深山中时有形似妇人之物，
常散发泣涕而走。想来此物亦是山气所侵而生也。（《今斋谐》
第四卷）

宝历五年秋，（土佐）高冈郡影野村往返之路约十间处，
松枝之上坐一发长三间①之妇人。村人聚而观之，妇人自松枝

---

① 间是长度单位，一间约为 1.8 米。——译者注

上一跃而下，不知去往何处也。下方为茅原，不知其隐入何从，只因草叶皆无倒伏。田中势左卫门书中云，丙子（宝历六年）正月有一事。影野为相间氏领知。其家臣和田彦左卫门问及此事，称曾有折节村人遇见此物。行走于五六尺之茅原中，腰腹之上尚可见六尺有余。凡见之者多为背影侧颜，尚无人得见其正面。（《南路志续篇稿草·怪谈抄》第二十三卷）

信州虫仓山相传有山女居住之洞穴有三。其一为新洞。旧洞于山谷相隔之彼端，古树繁茂，山燕之巢甚多。新洞在绝壁之间，仰望有数十丈。虽未见山女往来，然洞口草木不生，似有人常出入。亦有人称雪中曾现大人足迹。（《越后野志》第十八卷）

最后的例子明确记录着并未有人目睹其身影，或许不应该算在例子中。但总之这样一来，便可用归纳法得出山人中亦存在女性的结论。从这些山女赤裸的外形就可以看出她们乃是山中所生。那些隐居深山的幸福山男或许能够唤来山女，最终得以长久保持血统的纯正。但山人原本就极易陷入孤独行走的生活中，每天疲于饥饿与猎人的追捕，到了深夜一定会时常感到寂寞难耐。这会造成什么结果呢。日本虽没有会把人拖走的野兽，却经常会发生孩童失踪的神隐事件。正如加贺的金泽按摩所云，这片土地被彻底敞开了。就在十年前，我们走在隆冬深夜的街道上，还能每夜听到迷路的孩子那是谁的呼唤声，伴随着寂寥的打更声划过耳际。我认为无论是哪个地区，冬天都尤其容易发生这种事。同时各地也都认为一天中的黄昏是逢魔之时，要是独自出门就会遭殃。类似这种季节和时辰的选择，对拥有超人能力的天魔波旬等来说并无必要。虽然前文也举了不少例子，唯独这段想必是诸位不会提出要求的。鄙人只想从解释近代迷信的材料中，指出其中一个特征：但凡遭遇神隐的人，将来一定会在其亲朋好友面前现一次身。

　　盛冈一带妇孺黄昏逗留于户外之忌讳尤甚。皆因十年前有一事。此镇中酱油商人之妻，傍晚独自立于门边眺望屋外，邻里之人皆有所察，然此后却不知所踪。其亭主[①]多方寻觅，几近癫狂，却再无半分音信。翌年，亭主去往夏纲张之温泉疗养，日暮之时眺望室外，仅一二町开外之山腹竹林间，竟见其妻立中。亭主急走追之，其妻亦向远方山中渐行渐远，终不得再见。（《柳田闻书》）

　　陆中岩手郡雫石村农家将出嫁之女送上彩马，燃松枝火把之时，其女消失无踪，遍寻而不见。二三年后有此村之人至邻村酒家饮酒，甫入夜之时见一陌生女子前来打酒。细看之下竟为吾村消失之女。该女形色如常，独不与旁人对视交谈，女子离去后，村民即刻自小门而出欲尾随其后，然早已不见其踪影，亦不闻足音。如此必是妖物隐于屋顶，见女出则自上空抱起而还云云。（同上）

　　陆中上闭伊郡鳟泽村中有农家之女被隐去多年难以寻觅，家人皆以为其不存命也。某日忽见此女立于谷堆之荫。见之者称彼女已形容粗陋，不似平常人家之少女。其后又

---

① 即丈夫。——译者注

突然匿去踪影，从此不再得见。（《水野叶舟君谈》）

同郡松崎村有民家姓寒户，家中小女于梨树下脱去草履不知所踪，至今已有三十年。某日家中亲友相聚，此女突然归来，形貌极其苍老。众人皆问其如何可返，答曰思念家人故得返，须臾又将离去。言毕则再不见其踪影。当日狂风大作，因此远野乡之人至今仍于大风之日传称，今日寒户婆婆似是要返家也。（《远野物语》）

伊豆宗光寺村（田方郡田中村大字）传说，本村百姓总兵卫之女阿初年十七，自家门而出后再无归还。此为距今（宽政四年）八十余年前之旧事。阿初之母三十三年亡祭之年，邻人忽见此女立于旧家门前，问之则不发一言，复又急走而去，不知所踪。其后此国天城山中伐木取薪之人亦时而遇见阿初。其形貌常似十七八之少女，织叶为衣。凡有人上前唤之，则不答一言而走，至今亦如是。（《槃游余禄第三编·伊豆纪行》）

归化到大山中的村女都能如此长寿，这点让人难以信服，但非常明显的是，她们即使在老去之后依旧能怀有日本人特有的感情。而她们在进入深山后之所以能存活得较为长久，可以推测是因为有了关系密切的保护者。同样在《远野物语》中，还记载了山女遇到故乡之人，对其抱怨丈夫刻薄多疑的故事。由此可以推测，本以为她们之所以消失都是被吃掉了，结果还是与自古以来所有女人一样会抱怨夫君种种不好，说个不好听的就跟专门跑去调解夫妻矛盾，结果反倒自己丢了人一样。不到酒颠童子的闺房里住一住都不知道，之所以闹得哭哭啼啼却没有一走了之，应该也是因为夫妻之间总归还有些恩爱感情。由此我又想到，罗马人最初的母亲们想必也是如此融入了敌人的家庭里。即使丈夫是铁石心肠的可怕之人，孩子毕竟还是吃着自己的奶水长大的。他们或许又是会同情母亲的噪音，或倾听她故乡的歌谣，连说话也都是母亲教会的。因此说山男能够理解天孙人种①之交谈也并不稀奇。鄙人甚至认为在那些人烟稀少的深山里，山男可能还会若无其事地定居下来，搭建草屋耕作田地，思考今日的大字会是什么字。因为农业本就不是需要精湛技艺难以习得的产业，只要母亲稍微耐心相劝，混血的山男之子应该迟早会开始这种营生。至于穿衣服暖和，大米饭软糯香甜这种简单真理，就算不刻意传输，他们也能自行掌握。接下来就是山女了。女人也是人，长期独居自然会想要个伴儿，关于这一点也有许多例证。

> 秋田早口泽为二十七里之大泽。丁巳（宽政九年）七月初，此泽六里深处一夜造成长二里有余之堤坝。皆由四丈五丈之巨石筑成，自两方拦截山石倾斜之洪流。此堤究竟为何人所筑。有人云此山口生长一大树，名曰锦织，有山魈鬼童筑巢于此。山中常见童子化形若鬼。曾有人目睹一大童背负十人难以环抱之巨石，伏于溪涧旁饮水。遂称彼物为鬼童。又有人云，樵夫于山中无聊之时，必取锦织燃烧，搜集形貌各异之妖物。一人于南部边界燃烧锦织时

---

① 天孙即日本天皇，天孙人种即日本人。——译者注

现一怪女。身缠薜荔，尺发为荆棘所乱，白似银丝，然其形貌却似未满四十之女，疑为世人所传之毛女郎雪女。此女对樵夫微笑亲昵，樵夫以无聊而犯之云云。（《黑甜锁语第三编》第四卷）

　　播州表至和州芳野每年有做事人往来。余所居之地亦多行者。某日归来聊及见闻，称当年往常做事之地无事可做，便行至距离上市五里外之川上游，与十名同伴暂住一小屋中。某夜八顷，有二三人醒来，忽觉全身寒毛直竖，惊恐无状。原是小屋入口所垂之草帘被人掀起。细看之下竟是一怪女。乱发长及足，两眼精光四射，眼眸隐入光芒几不可见。凡见之者皆有数日身体抱恙。我正巧熟睡未醒，故得以平安无事。后询问此间之人，皆云偶有此事，来者名为山姥。另有称木之子者，状似三四岁孩童，身着木叶。其形若影似有似无。樵夫或山中做活者一有不慎即被其盗走吃食，颇为苦恼，故凡见木之子者即以棍棒驱之。此事山中常见，并不为所奇，然此处鲜有听闻，故言之也。（《扶桑怪谈实记》第二卷）

　　播州楫东郡新宫村有土民七兵卫。此事生于正德年间。此人入山砍柴而不回，父母兄弟皆悲叹，经两年，某夜至村中后山，大呼七兵卫归矣，众人闻其声甚亲切，喜极而至山中，邻里之人闻言亦走至山麓，却闻人声发自山巅，循声而至却不得见。众人皆云喊声确发自此处，然百般找寻而不见，终无功而返。村中有人传，七兵卫实为天狗掳走为奴。其后常有在东武之村人归来，称与之在兴津偶遇交谈。又言七兵卫常徘徊于东国周遭，每有下东国者必受其托付，后再无人与之相遇，亦不闻音信。上文为七兵卫返回村中后山时一同寻找之人，经年之后述此奇事。（《西播怪谈实记》第一卷）

遭遇神隐的男性多为未成年人，若非如此，便是人们所谓的呆蠢之人。问题在于这个人给山人的社会文明造成了多大的影响。虽然对方是山姥，但总归也是女性，若被神隐之人孱弱到为女性所掳的地步，想必是不能永远保持结发丈夫之地位的。不过若像上文里的七兵卫那般结实健壮之男性，搞不好还真的如文中所说一般，被天狗捉去为奴了。若如此，则七兵卫的生涯委实令人发笑。

民间传说中有天狗情郎者，于各处掳走百姓，或在妙义山中令其为奴，或为赞岐杉本坊之客。秋田藩亦时有此事。元禄年间仙北稻泽村盲人所述之奇妙物语中亦多有见，谓其时常掳走下层贱民。近者有石井某之下人被掳走四五回之多。初时皆以为其出奔，但见行李物什尚留于房中，亦无只字片语之道别，一月即返。问之则曰吾已行遍津轻，不可详述。其后又一年，但闻此男屋中喧闹，须臾又闻其高喊求饶。众人皆出而观之，然彼时早已踪影全无。此次于半月后自越后而返，称吾于山顶见彼国城下火灾。众人欲再详询，此人却顾左右而言他。问其缘由，答曰若以实情相告，吾身必遭灾祸。又四五年，随一人上江户，途中

不知其影踪。又半年而回，言此番自大阪而返。（《黑甜
锁语第一编》第三卷）

　　一旦好不容易回到亲友身边，理应不会再想离开，但从上文的情节来分析，人们之所以会想象出某种难以抵抗的力量也是不足为奇。此外还有许多依靠祈祷应验使得神隐解除的故事。从那个人的精神状态来分析，医生将此视为了一种疾病。若说疾病的内因是遗传导致的精神缺陷，那这种说法就绝非谬误。津轻南界田代岳山脚的村落里有一农家之女，突然心性大变，总是说自己要成为山神的新娘，时不时还会跑出家去，因而家里人时常将她看管着。但某天她还是趁家人不备跑了出去，待他们反应过来追赶而去时，却见她如同飞鸟一般窜入田代岳不见了踪影。这是狩野享吉老师收集到的材料。看来在那一带的山岭间，山人还是长久保持着一定的优势。

　　　　　　　　　　（《乡土研究》大正四年三月刊第三卷第一号）

狒狒

　　要把所谓山丈山姥的问题研究透彻，就还剩了一个必须格外加以关注的问题，那就是时常被误会为山中住民的狒狒这种野兽的特性，以及它与山人之间的异同。狒狒这种野兽究竟是否存在于日本岛上，这本是现代学界的疑问，只是光在这几年，我就记得报纸上至少刊登了两三次捕捉到狒狒的消息，再仔细阅读前代留下的记录，也能发现许多不明之处。其实不仅是本草家，日本学者普遍都有一个怪癖，即讨论所有话题都会把中国有的东西日本都有作为大前提。就连益轩那样的前辈往往也会流于这种恶习。对于不经由陆地就无法迁移的动物，这一妄断理应更加危险，但那所谓的山魈木客与狒狒之流，不知何时也随着邻国记录被译为日语的过程，俨然成了我国自有的东西。下面引用一段《言海》的记述："狒狒，怪兽之名，栖于深山，似猴而躯体极大，且极凶猛，见人则大笑，唇可蔽其目。详情不明。传为猴之尤为长寿者也。亦称'山笑''山童'。"这样乍一看好像在介绍日本的狒狒长这个模样，其实似乎并非如此。《本草启蒙》第四十八卷等文献中所记载的狒狒上唇极长，大笑时会遮住双目，因此只需先逗其发笑，再以锥刺其额头即可捕获这一说法其实来自外国。日本狒狒的嘴唇大小现在还不一定有人去丈量过。因为中国某地把这种东西称为"山笑"，我国又正巧有"山童"这么个东西住在深山里，某些人就把二者都理解成了"山笑"，并认为那是同一种东西。"听闻曾现于木曾、飞州、能登、丰前、萨摩等地"这样的记述不知究竟是指哪一方，"生如人形，有长毛，似猴而毛若硬刺，其色赤，死则脱落"这句话也不知是在讲山童还是狒狒。但唯有一个事实不容置疑，那便是近世人们遇到或捕杀到的外形似猴、体型巨大的动物都被称为了狒狒。《和训刊》关于狒狒的记述中讲到安永以后某年，这种生物出现在了伊贺与纪伊，然后在天和三年，人们又在越后桑取山用枪弹放倒了一只，其身长四尺八寸云云；正德四年夏，伊豆丰出村捕获的狒狒长七尺八寸有余云云。不过最后那个到底是不是狒狒，这很值得怀疑。记述中说那东西面貌似人，鼻有四寸，手足爪若镰刀，指间有蹼。这类怪物的记述往往能在江户时期的随笔类作品中看到，每一个记述都有在传说过程中被夸大的嫌疑，附有画像的多数反倒更不可信。也就是说，在探讨那种野兽究竟是不是狒狒前，必须思考一下文字中叙述的动物到底有没有存在的合理性。但无论怎么说，人们捕捉到连猎人都没见过的异兽这点应该不是虚假的。内阁文库收录的《杂事记》这一见闻录卷四十中也图文并茂地记载了天明二年暂居于会津磐梯山麓塔泽温泉的数名少年先后被掳走，人们才知道山中有怪兽，后有一位勇士上山将其杀死的故事。那张画像里的东西也长着尾巴脚蹼，鼻子跟天狗一样长，还是直立行走的，让人着实看不出究竟是个什么东西。我时常思索的是，尽量多收集一些前代的记录固然不失为一个好办法，但当务之急应该是对静冈报纸媒体上每年入冬后定会出现的狒狒捕杀报道深入研究一番。这种事被讨论上一二十年之后内容会越来越夸张而失去原貌，所幸同一个地方总在不断发生同样的事情，趁现在至少还可以对当地人进行跟踪访问，搞清楚那到底是不是人们所说的经年老猿。报纸上的消息都是一次性的，我也不清楚自己的回忆是否正确，因此各位大可质疑。那些报道似乎说的是有人射杀了到柑子田里捣乱的野兽，以及枪法很好的镇中医生将其打死带走了之类的事情，好像也提到过志太郡岛田附近的事例。若这些实地发生的例子可以证实日本存在一种猴子能够对应中国的狒狒，或者普通猴子中存在着非常罕见且异常强壮，甚至可称神怪的异种，那么包括神隐在内，被人们认为是深山蛮民所为的种种不可思议现象有可能就不再神秘了。同时，若最后证实所谓的狒狒并不像人们所说那般巨大神奇，那么应该能够推导出自古被称为猿神，受到人们敬畏的怪物其实只是山男而已。《有斐斋札记》中记述道，宝历年间有人目睹了越后山中被捕杀的狒狒，上京后对人描述道："不似猿猴，乃别种之物。"还说这种东西常盘踞在山巅大石等场所，凡见者只要俯伏跪拜请求放行便不会被其加害，可平安通过其所在之处。这与山人倒极为相似。

（《乡土研究》大正六年三月刊第四卷第十二号）

山神的猧子①

　　只要谈到关于犬神土瓶神的话题就不得不遗憾地承认，日本的动物学至今仍未能彻底支配山巅海角。诸如出云的人狐和伊予的犬神等，往往还会传出发现其死尸的消息，可偏偏每个有幸目睹的都是毫无专业知识的外行人，至今仍不能消散人们心中那些不必要的恐惧。在鄙人的领域中，也有希望大学等机构做些调查的许多种野兽。这里先举其一。《信浓奇胜录》第三卷有云："八岳（诹访郡）山麓槻木新田之上，有小兽居于老树穴洞中。其名曰山神之猧子。身形略大于鼠，与猫仔相似，状如鼬而短尾矮脚。冬月落霜之时出没。行动迅疾身手矫捷，故凡见之者只能窥其大致形状。毛色极美，有淡白淡黄或黑白相杂。木曾所谓山神之小鼬②者亦为此物。安县郡所谓貂鼠是也。"目前还不知道"小鼬"这个词的意义。总之，那似乎并不是一般的鼬或貂。《木曾名胜图会》

---

① 猧子即小狗。——译者注
② 原文写作"オコジョ"。——译者注

第三卷有这样一段记述："木曾深山中有一物名山神之猵子。状如猫仔，体型较之稍大。头似松鼠，短尾矮脚，毛色或淡白或淡黄，腹毛纯白，或有鹿毛之斑纹，四足皆黑。见人不惊。三四只为一群，十月初雪后可在山中小屋见之。凡捕杀者会遭山神诅咒，故无人敢捉。"有不少动植物都被命名为山神的什么什么。这可能也是先有了名字然后才被人畏惧的例子之一。总之它们向来只会出现在山人有可能居住的深山里，因此说不定那些名称还真是有来头的。之前曾说到，海道的大井川上游是山人之都，那里也存在着这种东西，而且留下的记录还尤为诡异。《骏河志料》第三十卷有记载："骏河安倍郡井川村山中有村人谓之山神之猵者，为异兽。身形矮小，毛色为白或黑，又有黑白交杂之斑纹者。身细如鼠，形似黑犬，垂耳卷尾，叫声亦似犬吠。此物不常见，偶有樵夫见之，皆于溪水中净身，面朝山神之森祈祷山中无事。盖因此兽多见于山神之森，故得其名。"关于深山里的山神之森，还需要另外讲述一番。简而言之应该就是这种东西身怀灵异，常居于不见刀斧的深山幽谷中，因此极少有人看到。同样在大井山谷的西岸，远州上川根村千头乡境内，寸股川的上游区域有个叫细尾的仅有两户的村子。《远江风土记传》第十三卷记载："深山昼暗之处有食人兽。俗称山鼬。细尾村民皆为此兽所食，今已无人家。"这段文字乍一看仿佛描写之人真的目睹了村民被吃的场景，实际可能也同样是加在猵子身上的冤罪。至于被收录在近世的博物图里，被当成珍兽四处展出的所谓雷兽这种动物，鄙人认为有可

---

① 原文写作"クロンボウ"。——译者注

能就是猁子。《纪伊续风土记》的产物部分记载道："木狗、黑坊①、木草俗称雷兽。大抵形似小狗，体细尾长，全身覆黑毛，颈下至胸口处有赤黄斑纹。齿尖爪利，驰走甚疾。天阴及风雨时其势益甚。其粪如麝香。早年于高野山中及有田郡山保田庄山中间有捕获，日高、牟娄两郡山中亦有此物。土佐似有异色之种，然至今未有所见。"且不说毛色，尾长这点就让我有些难以释怀，但想必是从"黑坊"这一名称中想象出来的。"黑坊"其实也是山人族的另一个别称。《和汉三才图会》第四十卷中记载道："玃，音却，和名山子，相传飞骤美浓深山中有一物，状似猿猴，体型巨大，全身覆有黑色长毛。常直立而行，又通人语。能察人意。并不为害。名曰山人，又称黑坊。虽互不畏惧，一旦有人心生杀意，黑坊立可察知遁走，故难以捕获。"这其实是一则关于山男的记载，由此人们又为其取了"悟"这一别名。我记得好像在《骏台杂话》里还以此为基础创作了一篇警世故事。虽说这里的黑坊与纪州的黑坊并非同一种生物，但其中一方必定借用了另一方的名称，因此雷兽或许也跟山神有所关联。不过《飞州志》里却说《三才图会》提到的飞骤黑坊只在古时出现过，现在已经没有了。由于传说多有讹误，只要稍加推敲，鲜有能不被归类为证据不足的事例。尽管如此，却也不能贸然断定此事就是无中生有或书中虚构。狒狒也同样如此。就算日本实际上并不存在狒狒，也有可能存在着被错误命名为狒狒的猿猴甚至人类。但凡名称都是见多识广之人后来给取的，因名不副实，并不能成为证实虚伪的佐证。

（《乡土研究》大正三年六月刊第二卷第四号）

大人弥五郎

　　竹崎嘉通氏曾报告过名为弥五郎的巨人。内容大致是说石见国邑智郡田所村大字鳟渊字臼谷中有三丈余之瀑布，其底端深潭为弥五郎渊。过去有巨人名弥五郎者，负石臼路过此地，不慎跌落瀑布而死，瀑布中段岩石上尚留有形似足迹之凹陷。臼谷即弥五郎所负之石臼流至之处。有人称弥五郎渊之水与鳟渊本村高善寺渊地下相通，巨人尸体经地底流至高善寺渊浮出云云。这属于上文提到的许多有关大人足迹的乡村传说之一，若在各地搜寻同类传说，数量必然难以估量。而让我感到稀奇的是，石见竟也有弥五郎这么一个大人。

　　根据《三国名胜图会》等文献的记载，在距离甚远的日向大隅一带也流传着大人弥五郎的各种故事。例如大隅的曾於郡市成村大字诹访原的二子冢，与其说是冢，倒不如说是两座小山。在广阔的平原上并肩而立的两座山丘，一座高二十余丈，周长五町四十间有余，另一座高十一丈，周长二町三十间上下，相距大约一町，没有树木，只生长着荒草。传说是过去大人弥五郎用草筐担土时，木棍折断导致泥土倾洒，形成了这两座山丘，其中一边还剩下半筐土，所以有一座山丘比较小。这个故事流传甚广，《乡土志》也收到了好几个人的报告。它与关东地区流传的大太坊①移山故事最为明显的差异在于，海、南二州的大人故事还附有更为重要的后续情节，因此可以渐渐看出，大人并不只依靠自己的蛮力来获取名气。作为《毛坊主考》的补充，这次来讲讲问题的其中一点吧。

当地人传说，大人弥五郎最后是被杀死的。大隅始良郡国分村大字野口的枝宫神社里就留存着砍下弥五郎四肢加以祭祀的遗迹。而且相传鼻面川还埋着他的鼻子。也有人说东国分寺大字福岛埋藏着他用过的弓。同样是国分村的大字上小川有一条名为拍子川的河流，那上面有一条拍子桥。当地人传说过去有个叫隼人的凶似夜叉的大人，在这里被皇军讨伐。《大人隼人记》有云："大人弥五郎阁下于上小川拍子桥击败日本武尊，后击掌雀跃，故得此名。"（《三国名胜图会》）

之所以把大人弥五郎叫成隼人这种普通武士的名字，可能是为了呼应《八幡愚童训》等书籍中提到的八幡王子诛杀隼人的故事吧。该书还记载了以下内容："隼人战败，被斩下头颅，令其死后难以作祟，御前有骑兵二百，击杀隼人之矛为隼风矛，长八尺宽六寸也云云。"也就是说，那位大将虽不是日本武尊，却是在传说中几乎等同于御孙应神天皇的王子神，也就是说，这与著名的大隅正八幡宫，亦即现在的鹿儿岛神宫祭有着一定的联系。实际上，如今在这一带流传大人弥五郎故事的无一例外都是八幡宫。其一便是日向北诸县郡山之口村大字富吉字的野圆野神

---

① 大太坊的原文写作"だいだ坊"。——译者注

社，那里从前被称为的野正八幡宫，每年十月二十五日的例祭都会举行下浜仪式，人们制作头戴红色面具，佩大小太刀，高一丈有余的偶人，称其为大人弥五郎，放于四轮车上由多名十二三岁之童子推动。据说这是隼人征讨的其中一个场景。大隅曾於郡末吉村字中岛的八幡宫每年十月五日举行祭典，其中也同样包含了下浜仪式，人们制作大人的偶人，将其作为神轿的先导。偶人长一丈六尺，身着梅染单衣，配太刀立于四轮车上，名为大人弥五郎。《明治神社志料》关于该郡岩川村大字中之内的八幡神社记录中引用了《地理纂考》，讲述了几乎一样的内容，只是无法分辨这两座神社是否为不同的神社。不过这座神社的祭日是十月十五日。还存在大人弥五郎其实是武内宿祢的说法。

大人弥五郎偶人的祭祀与此前稍微提到过的奥州津轻以及其他地区的所谓佞武太流极其相似。虽然两地属于旧日本版图的两个极端，但我并不认为这只是偶然。子豚在两地都是七月中元前后的仪式活动，弥五郎则是十月下元举行的仪式。与此同时，地理上恰好处于大隅和陆奥中间，季节也正好在两者之间的时节，越前大野郡的某个村落也会举行同样的仪式。根据《大野郡志》记载，该郡下味见村大字西河原在正月十五日的左义长祭中，会制作巨大的稻草人，在其双手间放上日之丸纸扇，投入左义长的火中一同焚烧。这个草人被称为"弥五"。据说过去有个叫弥五郎的恶棍放火烧了整个村子，后来被处以火刑，人们为了纪念而创造这一仪式。这里也许没有伴随着大太坊那般的传说，可是给恶棍的偶人插上两把日之丸扇，正如给因残暴而受到诛杀的大人穿梅染单衣配太刀一样难以理解，换句话说，二者共通的弥五郎这一名称背后，说不定隐藏着不为人知的细节。在关东，野州氏家和喜连川中间的旧奥州街道最初的山口也叫十贯弥五郎坡。顺着斜坡往上走半程，右侧的山上还有一座弥五郎坟。（《武奥行程记》）这些弥五郎又是什么来头呢。据说隐蔽处还立着一块石碑。若有人知道详情，请务必慷慨相告。

话题探讨到这里，我斗胆想对一事进行反驳，那就是爱知县的县社津岛神社的境内社①中弥五郎殿神社祭祀的神的由来。根据后世社家相传，其祭神名为弥种继命，或者直接称为弥五郎。不过根据《盐尻》作者的说法，在该地望族堀田氏的旧记中，最初其祖先弥五郎正泰于正平元年戊年七月十三日在家中祭祀高祖武内宿祢，此后社名就成了弥五郎殿。不过自延喜式②以来，社名向来都以祭神的名称来命名，像这种以信徒或祈愿者名称来命名的举动略不合常理。从迁宫牒的残片中可以看出，该社的历史十分久远，自应永十三年十月以后经历的数次迁宫都有记录，因此不存在质疑的空间，而且那个堀田家的旧记究竟有多旧呢。再稍微具体地说，它是否出自疑似伪本的《浪合记》之后，是否为根据其中内容所编述的，现在已经无法查明了。尾州出身成为大名的堀田家自称纪氏，拜武内宿祢为祖先，这是大家都知晓的事实，大隅也有人把弥五郎大人说成是武内宿祢，但最让我感到怪异的是，在一个连八幡都不是的津岛天王的末社里，竟然祭祀着纪氏的祖先。

《浪合记》本是保存在美浓高须德川家的书籍，于宝永六年七月出现在世人面前，其发现者依旧是《盐尻》的作者天野翁。其中讲述了

---

① 神社境内还有多座小神社祭祀其他神明，称为境内社。——译者注
② 这里指延长五年（公元927年）制定的《延喜式》卷九、十之内容，被称为《延喜式神名帐》，记载了当时被定为"官社"的全国神社一览。——译者注

南朝王子良王到尾张避难，得到堀田、大桥等当地豪绅援助，最终成了津岛社神职的过程。文章中可见的年号以文正元年为最终，但从文中着重讲述王子的叔父世良田万德丸政亲被游行上人救了性命，在三河的松平定居后逐渐振兴家业的内容来看，这至少是德川家打下天下之后才开始执笔的。而津岛的弥五郎殿社之根源完全出自此书中的记载，弥五郎殿社本名佐太彦宫，堀田弥五郎应梦祭祀之，时人以愿主之名将其命名为弥五郎。祭神为武内大臣与平定经，定经乃地主神也。这个定经在《盐尻》里被叫作大桥太郎贞经，似乎是大桥一族的祖先，但这个家族自源平之乱后便移居到尾张，将那样的新分家初代家主与武内大臣一同祭祀，还将其奉为地主神，这着实让人难以接受。《浪合记》之中似乎还潜藏着另外几组矛盾之处，但无必要在此处一一列举。就算此书并非全盘虚构，也不过是将模糊不清的上古历史碎片勉强拼凑起来，编出一个看似有这么点回事的故事罢了，说得好听点，它充其量只能证明应久之后已经存在的弥五郎社确实与供奉此社、在社家中还算颇有实力的堀田、大桥之远祖有些关系。我们应该注意的是该社的创立时间七月十三日，以及其中有一位祭神被称为佐太彦宫的细节。在某些地区，人们好像认为大人就是猿田彦。伊势的多度神社祭祀着这位神明。其末社中有三个都叫某某大人社。有些地区把大人足迹称为大足迹，在神事的队列中出现的高鼻子面具也多被称为"王鼻"。《因幡志》中记载了因幡等地有人会将大人足迹理解为猿田彦神迹的内容。因此津岛的弥五郎社之流若真的是地主神，那与国神佐太彦联名也许就不那么僭越了。

正因为《盐尻》的田野翁等人物对上文提到的与《浪合记》内容如

出一辙的堀田家谱深信不疑，其他各处的天王社末社里才会有那么多弥五郎社，这一说法固然牵强，但如果津岛的弥五郎殿实际上确实是社人或有力氏子①的祖先，这一事实定然无法永远隐瞒，人们在知道事实后也不会继续向这种特殊的末社②祈祷许愿。尤其是地主社，它们在每一片土地上都是既有的存在，自然不可能是从本社迁来的神明。尽管如此，以弥五郎为末社的神社依旧随处可见，这其中应该存在着某些值得思索的隐情。现在名古屋的广井天王（州崎神社）境内还有一座弥五郎社，祭神是武内宿祢。那是元和以前兴建的古社（《名古屋市史社寺篇》）。美浓可儿郡上之乡村大字中切的牛头天王也是一座古社，相传其摄社弥五郎殿社于永禄六年完成栋礼。这位天王原本是宝泉寺这座山伏寺的镇守神，直到明治初期都由真言派的法印供奉（《明治神社志料》）。该社和津岛的天王一样，祭礼时会搭彩车，日期是旧历七月十四日，而津岛的是十一艘彩船。根据当地传说，近乡的送木村过去曾有名叫送木御所的人前来进献了神矛，至今这里仍保留着那个村子的村民专程来送神矛装饰彩车的惯例，这其中说不定也隐藏着使其与尾张传说有所出入的线索。

　　津岛的彩车祭是海道第一华美热闹的祭典。举行日期与各地祇园一样是六月十四日，人们装饰十一条彩船供奉神轿，这其实也是下派的一种形式，但我觉得管这个彩船叫"彩车"有点奇怪。由于缺乏其他更为可信的旧记，我只得再次毫不情愿地引用《浪合记》，其中说到这种仪式是永亨年间兴起的。所谓四家七名之祖先拜得天王神旨，要为良王

---

① 隶属于该神社管辖的百姓。——译者注
② 隶属于本神社的分神社，等级次于摄社。——译者注

君复仇，便趁佐屋的台尻大隅守参加祭典时，用十条盛装彩船将其团团围住，一举诛杀大隅守一行。从那以后，这天的祭典就成了上文所述那般，每次都会装饰十一条彩船。直至后世人们都忠实地实践着良王彩车讨伐的命令，年年如此。至于这个故事的真伪，完全不需要去论证佐屋是否真的住着一个台尻氏，单从八幡祭把上古时期被王子诛杀的大人弥五郎之偶人放在车上游行，或者越前西河原为凶寇弥五郎举行纪念祭这些现象来分析，要得出结论其实不难。若彩车是津岛天王独有的仪式，这种说法或许还能管用很久，可是在毫不相关的中部诸国神祭中也经常装饰彩船护送神明，所以说"彩车"这一词汇本身的意义不甚明了。总之我们只能大致猜测到，在歌舞升平的欢庆背后还潜藏着现在的人已经很难察觉的、充满杀伐的古老故事。如狭高浜町的县社佐枝治神社等地，以前在六月上酉日举行的大祭中还有太刀振这种仪式，氏子们拔刀较量一番后，也会对彼此高喊"彩车讨伐"。该社的祭神是素戋鸣尊及另外两位神明，这无疑属于祇园祭的类型，可是祭典仪式虽与津岛天王相异，却连伴信友翁之流的学者都主张该社属于式内之神，而且一口咬定那里的"彩车讨伐"是从尾张模仿来的，这实在是太不合理。

以我的观点来说，这个尾张的台尻大隅守毫无疑问就是越前和日向大隅的弥五郎。因此无论是否与今日之社家传承存在矛盾，津岛末社的弥五郎殿都必须与彩车祭的最初目的有所关联。并且在回答弥五郎究竟是否真实存在前，必须就牛头天王和御灵会①的关系进行一番思考。

---

① 御灵会是指为了防止非正常死亡的死者作祟而举行的仪式。——译者注

京都所谓的八所御灵会在近世已俨然成了完全独立的神社体系，但在山城朝初期举行御灵祭时，还只是临时设置祭场，并没有将其纳入自古以来诸神常在的社地范畴。在御灵会成为每年定时举行的祭典后，像祇园、今宫等神社也就随之出现了。这些临时神社与那个时代的神道同化融合的轨迹十分简单。仅仅百余年间，他们就在主要宫社中占据了一席之地，甚至可以说，他们反倒将当时的诸大社给御灵化了。并且由于世人对御灵的畏惧有增无减，古老御灵被奉上高位的同时，人们又开始祭祀第二和第三的御灵，最终使得前述之讨伐凶寇故事形成并流传开来。御灵与上古以来的国魂郡魂一样，其本意无非是祭祀现人神，亦即真实人物的灵魂罢了，但在平安朝初期，御灵信仰发生了变化，人们开始只祭祀含冤而死的人。经过武家全盛时代①，许多负有盛名的荒武之人之所以会拥有神格，也是这种令人畏惧的威力最终导致的结果。从强者死后成神的角度来看，只要是御灵的神社，多数都会祭祀着名叫某某五郎的神。美浓有落合五郎，信浓有仁科五郎，会津有加纳五郎，下总有千柴五郎，相州有曾我五郎，等等。当然，即便叫那些名字的武士当真存在过，他们被奉为神明也完全是因为五郎与御灵发音相近而已。其中镰仓就把御灵的神宫称为镰仓权五郎，据说还最受人们信奉。还说原本在梶尾村中，彼之后裔镰仓权八郎曾为之侍奉，简而言之，这一开始无疑是从属于鹤冈八幡②的。八幡本身与祇园同为最古老的御灵祭场兴起之神明。因

---

① 武家指武士阶级，与朝廷的公家相对。武家兴盛则天皇朝廷被架空，由武家掌握实权，称为幕府。——译者注
② 为武士门第的守护神。——译者注

此九州等地的八幡社末社多为御灵。令人意外的是，西国乡间传说为权五郎景政所兴建的八幡也有不少。这都暗示出使得这一神明发展至今日辉煌的最初动机。虽不知权五郎的"权"和弥五郎的"弥"是出于何种契机附着上去的，但这无疑是因为过去人们坚信必须安抚并超度御灵，亦即人类亡灵，并把那种慈悲之心一直传承到了今日。而在弥五郎御灵的思想中，若也包含着人们对国魂，亦即可谓原住民代表的大人的追思或同情的话，便终于可以借此证明我国民间此种信仰的由来之古老了。

（《乡土研究》大正六年一月刊第四卷第十号）

附记

《信浓时事》的记者中原君说，他在三河八名郡富冈附近曾听人提到过一个叫"八幡弥五郎"的神。只是当时他正在服役，处在队伍行军途中，没能问清详情。若有人知晓此事，望不吝赐教。

屁蹲儿①沼记事

　　在相模原正中央，现在的横滨线渊野附近的车站往东南方向走小一里地的地方有两个沼泽分别名为大沼和小沼。鉴于此处再无别的沼泽，大可推断那便是以前《乡土研究》接到报告的所谓屁蹲儿沼。不知那令人好奇的古迹如今成了什么样子，为了查清这点，我在十一月末的某个晴天，踏着落叶造访了那块土地。与昭和五年发行的二万五千分之一比例地图相比，那里的地形已经改变了不少，周遭还有许多刚开垦出来的农田。正确的地点应该是神奈川县高座郡大野大字鹈野森，那里的小沼只剩下一点点积水和沟壑，已然成了一年生作物的水田。至于西边的大沼则被芦苇覆盖，周围既无舟楫亦无高地，无法确认中央是否还留有水塘。我所能做的只能是向位于西北岸的大沼神社以及南北相连的大沼、新田民家确认此处确实是以前沼泽的位置无误。

　　大沼、新田之间的宽敞道路四角有镌刻着宽延年号的石地藏。因

---

① 片假名写作"ジンダラ"。——译者注

此可以断定，从那时起这里的对外名称就是大沼了。不过其中一个沼泽的面积约为九百平方米，另一个的面积也差不多，将其称为小沼似乎有些不对。想必只是因为一开始就有两个差不多大小的沼泽，首先开发的一方被叫成大沼后，人们顺口把第二个叫成了小沼。而仅看地图绝对无法猜到的是，这个所谓的大沼北面有个与街道平行的细长洼地，现在还有一潭绿汪汪的水，周围田地边缘还聚集了不少从那里漂过去的水苔，倒比大小沼都更有点沼泽的样子。我问过住在岸边的农夫，发现此处虽被称为水洼，原本说不定是与屁蹲儿沼成对的裆布洼。

但看周围的地形便能了解，大小二沼原本是接近圆形的形状。一想到这是促使某个时期的一部分人将其命名为屁蹲儿沼的原因，即使当时我是独自眺望，也忍俊不禁。

关西地方的人可能不知道，"屁蹲儿"在这边的方言里是捣屁股蹲儿的意思。且并非单纯地往后一倒跌坐下去，而是两条腿往前一蹬坐在地上撒泼，两个屁股蛋儿在土地上捣出印子的举动，也就是类似"猛跺脚"①的感觉。汉语中与之相当的词语应该是"顿足"吧。过去因为大家都盘腿而坐，遇到不甘心又无能为力的情况还有条件做出那样的动作，而现在连小孩子都很少会这样，因此像形容小孩儿撒泼耍赖的"驮驮捏"②这样的复合动词就更加意义不明了。关西似乎完全不把跌屁股蹲儿和捣屁股蹲儿当成有关联的词语，而且只用屁股碰一下地面根本称不上捣，光站着两腿乱蹬也不是什么人都能完成的动作。这种微不足道

---

① 原文写作"ジダンダ"。——译者注
② 原文写作"ダダヲコネル"。——译者注

的癖习会随着时代慢慢变迁，唯独言语却能传承下来。诸如弹指①或戳
脊梁骨这种词汇在今天已经成了一种惯用修辞，真的做出那样动作的人
基本没有。

近期的方言集中有人将东国的"屁蹲儿"写成"地团太"，可是
若追问那到底是什么动作，得到的回答恐怕会五花八门。

不过相模原的屁蹲儿沼依旧保存着沼泽时代的形状，明显是指比
较古老的捣屁蹲儿。此地可能会流传很久很久以前有个叫大太良②坊的
巨人在这里捣屁蹲儿，留下的两个屁股坑就成了这两个八町大小的沼泽，
还有可能流传巨人捣屁蹲儿时垂在身前的兜档布一拖一拽就成了现在的
档布洼。为了了解大沼新田的村民是否还在传承这样的传说，我尽办法
去套他们的话，但最终没有遇到还在使用这些名称的人。我甚至主动抛
砖引玉，说这里从前好像叫屁蹲儿沼啊，然而正好住在档布洼北边一处
孤零零的房子里的主人却用疑惑的表情回答说不知道。我又说"屁蹲儿"
在这一带好像是捣屁蹲儿的意思，看他的反应却好像根本不知道这回事。
尽管传说在渐渐失去信奉者的同时反倒会向更为宽泛的领域发展，但也
必须以其庞大的背景为前提，若其根本已经衰弱，是无法独立发展的。
总之，曾经为相模原艰难的火山灰农业带来过些许滋润的引人发笑的传
承之一，如今已经处在了消失的边缘。

为什么那个叫大太良坊的人要到那里去捣屁蹲儿呢？给《乡土研
究》汇报这一传说的人似乎也不知道，不过在高田兴清的《松屋笔记》

---

① 意为指责。——译者注
② 平假名写作"だいだら"。

中，却写到了这个大沼的事。大太良坊想把富士山背走，却怎么都找不到用来做绳索的藤蔓。他气急之下转身就走，而那一带直到现在都不生长葛藤一类的植物。这是关西地区的巨人传说里没有提及的，但在这一带却随处可见。实际上，由于土壤性质问题，有的山上确实会极少生长这种植物，而以前似乎很流行用这种滑稽的方式来解释那种现象。背走富士山这一设定，自然只有居住在能看到这座山的地区的人才能想象出来，可是纵观全国现存的巨人传说，一般都是以绳子断了、扁担折了等各种形式的意外让巨人最后不得如愿，只能无功而返来收尾。这个问题可以稍微认真地进行一番思索，不过在我看来，那无非就是为了力证支配这片国土的第二代神明更具威力。现在很多旧社还传着统御巨人的故事，甚至有专门演绎滑稽巨人的角色，这与上面提到的故事都可以被解释为同一信仰的不同侧面，用较为复杂的话来说，这一现象也可以理解为国津神①思想，或是地祇信仰的残留。

瀬户内海以西的"大人"虽然名为大，但体型要小上许多，虽说力量可与万人匹敌，其足迹却很寻常，应该不会大得太离谱。因此它有时还会被带入武藏坊辨庆的逸话中，就算不如此，它也会被赋予更多的人情味，哪怕是同样的夸张表现，却不容易变成关东那样的笑话。在我看来，其中存在着与神敌对观念的融合，为了在心中描绘神之胜利的美妙光景，把它设定得过于巨大估计会很难收场。可是《播磨风土记》多可郡的条目中却出现了关于头顶天穹弓身而行之人的记载，九州的筑后

_____

① 指天孙降临以前的国土守护神。——译者注

矢部川源流处还流传着一脚踹出一条山谷的巨灵故事。那种故事一旦落入学者手中，他们就会想尽办法使其与古史记录调和，或者以时代的常识对其加以合理化，可是不识文字的人之所以要传承旧的事物，其原因似乎又与他们有些不同。首先是对父辈的坚定信仰感同身受，并决心将其永远传承下去，其次是对"过去"这一时间线中所蕴含的无数神秘产生的憧憬，甚至还有凭借这些回忆来暂时遗忘现实生活中种种不安和不如意的朴素艺术欲。我们今后必须积极探讨的课题还有很多很多。

随着学问在民间渐渐普及，一些以前从未被探讨过的问题开始得到探讨，或许这是非常自然的趋势，并不需要我们去努力。可是赞岐既是古国遗址又是发展迅速的地区，因此，那些珍贵的资料可能在使用者尚未出现之前就消失或遭到更改。这个研究会将来也要吸收更多充满热情的会员，分头对那些别人还未注意到的文化现象展开观察，最后争取能把巨人跌屁股蹲儿和顿足这些被埋没的古老信仰痕迹整理出来，达到一目了然的程度。因兴趣和好奇心走上学问追寻之路的人才能坚持不懈。基于这样的考量，我便提供了这么一个突兀的话题。

（《赞岐民俗》昭和十四年十二月刊第一号）

大太法师传说四则

（一）

以前有个特别高大的人，名叫太大郎法师①。某天他想把富士山背走，就在相模原到处寻找藤蔓，可是怎么也找不到足以背起富士山的藤蔓。他感到特别遗憾，生气得坐在地上捣起了屁股蹲儿*，留下的痕迹就成了现在相模原中部的鹿沼和菖蒲沼**。

*"捣屁蹲儿"与"猛跺脚"一样，是指坐在地上挥动手脚，带着不甘心的表情摇晃身体的动作。——作者注（下同）

**菖蒲沼西边是横滨线的铁路。鹿沼灌满水的时候，从渊野一带的停车场透过车窗就能看到。两个沼泽的距离为四五百米。

（二）

相模原中部有个宽一町，向南北延伸很远的凹地，名叫裆布洼。

---

① 原文写作"デエラボッチ"。——译者注

据说那是太大郎法师的兜裆布拖曳留下的痕迹。

（三）

南多摩郡由井村字小比企往南，越过该村的宇津贯，就能看到一块俗称池洼^{***}的凹地。东西向很长（有十五六间，宽十间左右），看起来有点像脚印。据说过去太大郎法师准备搬动富士山前扎了个马步，结果一脚踩在骏河国，一脚踏在了此处。

^{***}池洼平时是干涸的，春雨时节就会蓄起水来变成一片小湖。

（四）

同郡川口村山入小字绳切有一座远离附近群山的小山。相传这是从前太大郎法师不知从什么地方背过来的，在此处绳子突然断裂，小山从他背上掉了下来。太大郎法师到处寻找藤蔓想把绳子接起来，可就是找不到，气得说了一句："这座山上再也别长藤了。"所以至今那里依旧长不出藤来。被巨人^{****}背来的小山也从此留下，绳切这个地名就讲述了它的来历。

^{****}同郡由木村也有一则关于巨人的传说，但名字不叫太大郎法师。

（中村成文）

附记

关于这个问题，阅读"一目小僧及其他"中的"'大太良坊'的足迹"或许能得到参考。

一目小僧

　　妖怪就像割舍雀①塞在重箱子里的虫蛇一般，乍看毫不起眼，仔细一问却既有渊源又有体系，这对于醉心斯道的我等来说诚乃幸事。诸如深夜见一少年把斗笠压得低低的后出门打酒，擦肩而过却惊觉他脸上只有一只圆溜溜的眼睛这种传说，现在已经连五岁小孩儿都不相信了，可是在那个时代，应该有许多人对此深信不疑。鄙人记得曾经有人这样解释：那个少年是狸变的，由于狸生性散漫缺乏智谋，才会一不小心露出马脚。不过较鄙人年少的住广造氏却说，他小时候在飞州高山一带听到过单足独眼，被称为雪入道的大入道。那是雪夜拂晓时分出没的妖怪。高濑敏彦氏还报告过纪州伊都郡雪夜里蹦跶的雪坊，但只说是一条腿，并没有提及眼睛的数量。据说外形还酷似人类小孩。此前提过的熊野山

---

① 从前有个好人爷爷和贪心奶奶，好人爷爷救了一只受伤的麻雀，麻雀不小心吃了贪心奶奶的东西，被她割掉舌头扔到外面。好人爷爷到处去寻找，最后麻雀为了感谢爷爷，就要他从一轻一重两个箱子中选一个带走，爷爷说自己是老人，就选轻的好了，结果带回去发现里面是一箱金银珠宝。贪心奶奶听说这件事，也找到麻雀住的地方，强行要走了重箱子，半路打开一看，里面是满满一箱的毒虫毒蛇。——译者注

中的"一本踏鞴"（《乡土研究》第四卷）也一样，因为人们会在下过雪的清晨发现树下的圆形凹陷，于是就把它当成了足迹，因而那种东西并不像世间所谓的雪女或雪精那种下雪后才会出现的妖怪。更应该说，这个传说里的雪只是足迹的附属物而已。

　　记录了越中旧事的《肯构泉达录》第十五卷中提到，妇负郡苏夫岳的山灵是单足独眼的妖怪，曾有两个烧炭人被其杀死，然后被扔进了积水的芦苇丛里。住在山脚村庄里的桂原夫妇上山砍柴时也被它杀害了。尸体头顶有个大洞，似乎是被吸干脑髓而死。还说它有可能是《山海经》里说的独脚鬼云云。因收集了石川日观和石川泰惠二人对话而被命名为《观惠交话》的书中也有一条地点不同的记载："左卫门佐殿领分山中有名曰世路子①者。高三四尺，独眼居于面中。除此之外皆与人无异。全身无毛赤裸。二三十为一群出没，遇人亦不为害。尤好木匠墨壶，然樵夫皆云授之不佳，故不可与。不为人言，其声呜呜高亢。"虽不会为害，但这么一队一目小僧横行在路上也是够可怕的。此外，《日东本草图汇》这本书里还图文并茂地记载了这么一个故事。上州草津温泉每年十月八日都会按照惯例把小屋收拾好，所有人到村里去。某年收拾得有些晚了，剩下两三个人没来得及走，他们夜里想进村买酒，路过温泉时发现瀑布底下泡着一个白发如银的老妇，只听她问"你们要去哪儿，带上我吧"。定睛一看却发现她脸上竟然只有一只眼睛长在中央，还会发光。几个人吓得连滚带爬地逃回小屋，全都昏死过去。在佛教等宗教中

---

① 原文写作"セロ子"。——译者注

仔细找找应该也会发现这一类鬼怪,但它们却和人一样有男女老幼之分,而且在上野、越中、飞驒、近江、土佐都有人看过或听过那种东西,这其中必定隐含着某种内情。对于用一条腿蹦跶这一设定我没什么可说的,不过若正如平濑氏的报告所说,那若是山神跛足的缘故的话(《乡土研究》第四卷第十一号),便是算得上合理的想象了。而所谓脸中央长着一只独眼也是同类型的夸张,若山神天生独眼的说法被人们理解成了"一只眼",那么这也是神明独眼的又一例证。高木氏的报告中提到,磐城平一带传说山神大人身上有伤,所以十月不会到出云去①。我认为这恰好就能成为佐证。顺带一提,神眼睛受伤的故事除了在《单眼鱼考》里引用过之外,伯耆、伊豆、新岛等地的本志中亦多有记载。而单眼鱼的记述中最具参考价值的就是远州横须贺一带的传说:天狗晚上会打着火把捞泥鳅,然后抠掉一只眼睛,因此那附近的泥鳅有很多都是独眼。今年一月十八日《东京每日新闻》中提到,琉球②至今仍保留着捉"饭匙倩"③抠下左眼吃掉就能壮阳的俗信,东京某个富翁得知此事后还叫人专门从琉球偷偷搞来饭匙倩的左眼供自己服用。这应该也与我们的主题有所关联。

(《乡土研究》大正六年三月刊第四卷第十二号)

---

① 日本神道中,所有神明每年十月都会聚集到出云诉说一年的事情。因此十月也是"神无月",而出云则相反,将十月称为"神在月"。——译者注
② 即现在的冲绳。——译者注
③ 一种响尾蛇科毒蛇。——译者注

一眼一足怪

　　《纪伊国续风土记》第八十卷，牟娄郡色川乡樫原的条目里讲到，过去有个叫一踏鞴①的妖贼，不仅劫掠云取的旅人，还夺走了熊野的神宝。狩场刑部左卫门受到三山众人的委托，成功除掉妖贼，人们为表扬他的功绩，给了他色川乡千八村的立会山中占地三千町的寺庙，死后又将他奉为王子权现进行祭祀。南方先生有言，上述的一踏鞴绝不可能是个普通毛贼。据说熊野山中现在还住着名叫一本踏鞴的妖物。虽没有人见过那东西的真面目，却有些人看见过积雪上出现一长串宽一尺有余的大脚印。这个"踏鞴"可能跟大太郎法师的"大太郎"一样，是指大人的意思，写成汉字便是大太郎。也就是说，这原本应该是大男的异名云云。把某某太郎叫成某某鞴（音似"太郎"）的例子很是不少，例如三太郎法师就被说成"三鞴法师"，冲绳戏剧中也会把京太郎说成"京鞴"。将大力男子唤作大太郎的先例也有《宇治拾遗》的盗贼头目大太郎，《盛衰记》里日向媪岳的神子大太童。并且一足怪也不是熊野独有的东西。

---

① 片假名写作"ヒトツダタラ"。——译者注

安艺的宫岛也传说雪后清晨在回廊屋顶或舞台一类的地方会出现足有常人三四倍大小的脚印，几乎每隔一丈会在积雪上印下一个。（《艺藩通志》第十七卷）土佐的高冈郡大野见乡岛之川山中，在文政时期奉官命养殖香蕈时，也有人看到相隔两三米的一串大脚印出现在雪地上。又或者只有右脚的足印。这被称为"一足"，是经常发生的现象。据说香美郡也能看到。（《土佐海续编》）宫岛那个可能是甩开两条腿大踏步行走，土佐的"一足"可能是用一条腿蹦跶。不过土佐在很久以前就传说深山里住着单足独眼的妖物，甚至还有人说那就是山男。高知藩御山方有个叫春木次郎繁则的小吏，他把自己宝历元年四十岁时在土佐郡本川乡山村里任职时记录的见闻写成了一本书，里面有这样的内容："有一物名山鬼，形似年逾七十之老者。似人而单眼单足，着蓑衣。本川之人谓之'山叟'。此物应为俗云之'山爷'。实为兽类，而非怪化之物，然常人难见。大雪时或留足迹，圆形径四寸有余，似木杵印成，行走时需蹦跳，只见足迹而不见其形，越里门村之忠右卫门母亲曾遇此物，时为白昼，初来时似常人也。忠右卫门之母与之相错，待回头已不见影踪。其母胆怯而返，未敢再往，终无事。此乃昨日听闻之事，如实记之。"接下来他又写道："有一书述及山鬼、蛇与蜈蚣相争之事，书名已然忘却，只知山鬼为兽类。"（《寺川乡谈》）这个故事应该是讲一条腿的东西、没有腿的东西和一百条腿的东西大打出手吧。这么说来，这一带的山鬼与山城八濑村的元祖山鬼不一样，全部都是一条腿的。时代应该晚了许多的土佐一本怪谈集中又出现了这样的记述："某人云，此一眼者多见于土佐山中，其名为'山爷'。形似常人，高三四尺，裸身被鼠色短毛，一眼其大发光，一眼甚小。午一看似仅有一眼。人多不知，谓其一眼一足。牙齿坚硬，啃食猪猿之颈似人食萝卜。野狼甚惧此物，故猎手皆爱称其为'山爷'，投兽骨饲之，以防野狼深夜盗取小屋所挂之兽皮。此为土州人所述。"（《南路志续编稿草第二十三卷》）本川乡的山爷并没有关于身高的描述，但毕竟每隔六七尺才有一个脚印，无论怎么想都不可能是三四尺高的小矮子，而且仿佛用木杵印出来的脚印也与熊野的记载对不上号，同时在从来没有见过其真身这一点上的惊人一致也着实奇怪。而且那样的雪中足迹根本分不清左右，所谓的独脚山怪应该另有让人产生如此联想的原因。至于独眼，看起来就更像彻头彻尾的凭空想象了。可是这么说的地方并不只有土佐。《阿州奇事杂话》第二卷里的山父山姥故事虽然有一半以上都照搬了《笈埃随笔》和《西游记》，但在末尾所述的同国三好郡的深山小屋里走进一个山父，照例上演了读取人心的情节后，却多了山父独眼的叙述。《落穗余谈》第五卷中也记载了这样一段话："丰后某山村之庄屋[①]于山中打猎时，山上深二三尺之水池边聚来五六名形似七八岁小儿之独眼红肤赤裸者，见庄屋则隐于龙髭中。庄屋击之，然不中，归家后却见其妻被妖物所附发狂而死。死前曰：'吾乃雷神，偶然出游，缘何袭我。此为听本人所述者传之。"中国的书籍中似乎也有山猿一足反踵的记述，至于这些住在山中大小各异的独眼为何会被传说成独眼，我认为还有必要继续研究下去。

---

① 相当于村长。——译者注

单足神

　　土佐山中居住着或称山爷或称山鬼的一足妖怪这一俗信（《乡土研究》第四卷第四百七十七页）让我想到《南路志》关于该国安艺郡室户村大字元字船户的条目中，记载了这样的内容："单足神，其社为岩窟，此神单足，古来已有供奉半金刚之单足风俗。"同书中记载了很多土佐在岩洞中祭祀神明的事例，但并不一定都是山神。以草鞋一类物品作为供奉的神在各地都非常多见，其中有几位神的供奉还是一只草鞋，尽管如此，却从未听说过神明单足的解释。我曾在秩父的横濑川入一间孤零零的小屋里目睹过正月给灶神供奉马蹄铁的仪式，当时也只有一个大大的蹄铁而已。另有一本不记得名字的江户人的纪行，说甲州郡内某村有一座神社祭祀着一足鬼形的石体，上面写着"夔"这个神名（有可能是荻生徂徕）。山中老师的《甲斐落叶》中提到，那个地方已经将其当成了名为"夔"的神明，而且一看实物只不过是少了一条腿的狛犬，却还有正儿八经的画像，让他忍不住发笑。不过，虽然把它当成遥远中国的神明略显难以置信，但或许如土佐一般，尊崇单足的信仰在这一带的民间也存在着。这是目前务必要弄清楚的问题。

（《乡土研究》大正五年十二月刊第四卷第九号）

话天狗

一

说我是天狗研究者，那必然是虚名。我只是为了了解过去人们的生活，从各方面展开思考时，自然而然地对这一部分也有了一定涉猎。因此，关于天狗的话题我并没有什么结论。现在的人讨论一切事物都要套用常规的道理，而妖怪的世界不存在道理，自然也会不合逻辑。是为此感到欣喜的我不知所谓，还是当代人不可言说，虽不明所以，但只需明白这种事还是存在的便可。

我国曾经有过这么一个时代，当时人人都格外喜好奇异故事，伶牙俐齿的人都聚集起来谈论那些玄之又玄的事物，一种颓废派的氛围盛行着。我们姑且管这个时代叫作今昔时代，天狗传说传遍天下，就是在这个时代发生的。今昔时代存在着鬼与天狗两种不同的魔物，各自拥有庞大的势力。其后鬼党逐渐衰落，沦为了平凡的幽灵亡灵阶级，与之相对，天狗国却长盛不衰，完全支配了乡野与山间。天狗神社的形成反倒是在这个时期发生的，并且时至今日也未见其出现颓势。

不过，天狗既然是时代之产物，自然也会随着时代发生变迁。单看中世历史，在那个南都北岭的僧侣大都是京师人子弟的世道，他们的行为还算正派，一旦武家势力强盛，其子弟也成为僧侣后，法师也开始变得强悍暴躁了。而到了德川时代，百姓子弟也能成为僧侣后，他们又收敛了许多。与正法处处为敌的魔道也遵循了同样的规律。武家时代的天狗也会染上武士习性。原本天狗就算是神明中的武夫。中世以后的天狗几乎一直在发挥着武士道的精髓。至少武士道中的要点全都一一体现在了天狗道中，尤其是某些极端部分更是得到了最为淋漓尽致的表达。简而言之，第一是爱好清洁的风气，第二是执着坚韧，第三是有仇必报，第四是侠骨义肠。不受儒教同化的武士道就体现在这几点中。若这些道德止于中庸，则为武士道，若走向极端，那便是天狗道了。尤其是高傲固执的性格，至今仍有"那人是天狗"这样的说法来形容某些人的性格，甚至还流传到了都市。它作为近代魔道的一大特征，与王朝时代的天狗相比已经发生了非常大的改变。在这个明治新时代，天狗又会被赋予什么样的属性呢，希望我能看到那天的到来。从另一个角度来分析这一事实，又可以得出国民性的觉醒这一有趣的议题。同样在西洋，至今仍活跃在北欧的精灵也充分反映了其发祥地的凯尔特民族特性，精灵们活泼而喜欢恶作剧，同时又亲近人类的性格无不与凯尔特人如出一辙。精灵在全世界的精怪中显得格外与众不同。与此相比，天狗倒是略嫌阴郁了。若说前者是海洋性的，那么后者便是山地性的。其实日本的山性比外人甚至本国人所想象的还要深入骨髓。山高则不贵，并不算高但云深雾绕的深山却数不胜数。我们的祖先为了吃到米饭，争先恐后地来到了平地，直至今日都依旧过着平地和山地纵横交错的两种生活，因此即便生活在平地的人彻底忘却了天狗传说，对另一半人来说，日本魔道的威力却远远谈不上衰微。

二

可是与此同时，我们也不可否认平地人已经越来越难以理解天狗道了。换句话说，与百年前相比，不可测的范围变得越来越大了。有段时期神道学者们遇到了很好的机会，得以窥探其中一端，并纷纷积极踊跃地试图对其做出说明，但效果却难以称之为显著。斯道有种种原因不适合让学者来展开研究，首先是文献太少。许多材料都是如同柳絮般一吹便散的口头传说，或者就是所谓往来阴阳的人经历的故事。这些东西作为史料并没有什么价值。神童寅吉亦即高山平马的传说，或是纪州某个学者所记录的少年谈话之类倒是有这么一些，但其中并不存在任何共通之处，让人很难想象是同一个世界的故事。想必那不一定是虚诞，至少当事人一定对此深信不疑吧，但那并不能证明这就不是一个单纯青年的白日妄想。毕竟那篇记述始终没有脱离一个毫无学问的年轻人的俗世常识乃至想象。神道学者通常会倾向于相信趋于神道的幽冥论，至于佛教方面，也同样存在趋于佛道的灵现记一类书籍。《续矿石集》下卷记载的阿波国不朽物语等等便是其中一例，形式之相似程度很高。诸如立山地狱、恐山地狱之类，笔者完全不认为自己在欺骗读者，因此可以推断，至少有人曾经断言自己看到过。这种故事越多，其可信程度就越低。反倒是如今这些极少数往来于两界的人，每每谈及此事只会笑而不语，恐怕更让人觉得煞有介事。可是这样一来，就太不方便我们进行研究了。

其实哪怕得不到丝毫用以研究的好材料，那不可思议的威力也不会因此增减分毫，这一点还请大家了解。因为即便所谓幽界的消息实为虚妄，但反过来却能让人更为深刻地感受到幽界势力之强悍。有人说这世上再也没有了奇迹，那么近者从宝永年间开始，每隔六十年必定会出现一次的伊势御荫参该做何解释呢？如果学者仅仅将其当成一种单纯的社会心理现象的话，那也是太过乐天派了吧。在御荫参发生的年份，诸国会降下无数御符，是从天上落下来的货真价实的御符。维新那年发生过，大神宫的御被时发生过，关东的阿夫利山也发生过，这些都是学者无法解释的事实，而且是难以否定的事实。这并非一个简单的问题，你我只是恰好没有看到，并不能一口咬定那就是虚假。

三

这只是其中一个例子，除此之外还有无数魔界现象，却又是一个门外汉难以说明的了，这就是我目前能够给出的回答。只是，我还有一个小小的个人发现。自古以来，尤其是近代，山中居民所坚信的天狗现象中，存在着一些不太合理的事例。由于山民过分畏惧幽界，往往会把一切突发现象和异常现象都归结到天狗大人身上。可是，其中有一部分却是与魔王无关的。如是洗清了这一冤罪，魔道的威光反而会更加耀眼几分，因此我才要多说两句。真凶不是别人，正是直到现在都生存于日本诸州山中，与我等日本人毫无关系的另一种人类。这并非空想，而是可以用现下的逻辑来解释的事实。按顺序来分析的话，首先我国虽然是一个人口稠密的小国，实际上却有很多从未有人踏足的地带。国与国，县与县的交界处大多是荒山野岭。例如与平安旧都接壤，地处丹波、若狭交界处的深山便是其一。

吉野的奥伊势纪州边界也处于深山。中国、四国、九州虽说较为开阔，但伯耆的大山、出云的三瓶山周围却极少村落。四国的阿波、土佐的境山、九州的市房山一带也算是荒山野岭。京都以西自不必说，美浓、飞骅到白山、立山的山地，接下来还有名称极不讨我喜欢的所谓日本阿尔卑斯山脉，赤石白根山系，以及从信越延伸到南会津的群山，不仅如今的都市旅人不愿进入，连猎手樵夫都难以涉足的区域其实很大。在这些深山中，似乎有不少自神武东征以前就栖居其中的蛮民，在我等的排斥和逼迫下渐渐遁入大山更深处，心怀对新来文明人的难以言喻的恐惧和憎恶，与之断绝了一切来往。

初中历史书上写着日本原住民全部退居到了北方，但那种说法是毫无根据的。且不说佐伯、土蜘蛛、国巢、虾夷是否相同，这些原住民的子孙断然不会毫无留恋地舍弃这个岛屿。奥羽六县至少在源赖朝的时代之前还是彻头彻尾的蛮荒之地。那里至今还残留着一半以上的阿伊努语地名。这一带的隘勇线①以内直到后世都生活着蛮民。大和的吉野山生存着名为国巢的族群，他们以蛤蟆为美食，在四方的平原和海岸全部开化后，他们依旧是与我们保持往来的邻人。新年到首都来载歌载舞的究竟是其中一支还是全部族人，这尚不可知，但从未听说他们退居到了别处。从《播磨风土记》还能看出，现在的播但铁路沿线好几个异人种部落一直居住到了奈良朝时代以后。在虾夷远遁至如今的青森县那个时期，丹波的大江山和伊势的铃鹿山都出现了鬼，据说那些鬼有时还会跑到京都来抓人。九州是异人种尤为跋扈的地区，直到奈良朝时，肥前的基肆、肥后的菊地、丰后的大野等距离深山较近的郡中都有他们的城寨。这些都是所谓的隘勇线。因此诸如平家残党这类人逃入深山后会发现，不管上了哪座山，那里都已经有人居住了，其中一部分或许能迎娶山人之女得到接纳，另一部分人搞不好就被吃掉了。

　　要让这些山中蛮民从每一个岛屿乘船退往他处，这实在是无法想象，其中大部分或许已经渐渐消亡，也有可能下到平地被我们的文明同化了，但毕竟原本就是敌人，至少有一部分蛮人会潜入深山隐忍，持续着野兽一般的生活，一直存活到今天，这并非十分牵强的空想。若对方耕作田地建筑家宅，难免会留下一定痕迹，可只要一直持续漂泊山中以采集狩猎果腹的生活，能够避人耳目隐居至今亦不足为奇，更何况无人踏足的深山区域还如此广阔。

---

① 日本入侵台湾时在原住民居住区外围搭建的栅栏和城寨，用以预防原住民的攻击。此处作者将这一名称泛用，指代了大和民族对抗原住民族的防御工事。——译者注

　　只是在这漫长的年月间，吾辈祖先还是能时不时地发现他们的踪迹。《常陆风土记》中讲述了某海岸地区出现巨人痕迹的事，这虽然一点都不稀奇，但需要注意的是巨人这个词。诸国都把这种蛮民称为大人。《云阳志》就记载了出云松江的大人冢。秋田地区至今一提大人，都会联想到小田内君的故事。飞驒山中住着大人，猎手会与他们做交易，这是徂徕老师写的。出于恐惧而产生对方身材高大的错觉，其足迹看起来大得离奇，这些都是《云阳志》里的内容。可是有可能为了好懂一些，现在人们都把大人通称为山男山女。还有山童，想必冬天山童夏天川童的说法只是误传罢了。

　　遭遇山童的故事粗粗一算也有数十之多。这里就不一一列举，总之所有这些故事里都提到他们不发一言。若没有语言不通，那也是理所当然的。虽不知他们以什么为食，但应该也跟吉野的国巢一样，吃野果游鱼菌子为生吧。有人说他们非常爱吃米饭，喜欢年糕，或是讨厌食盐。又说他们不着寸缕。日向饫肥山中落入猎人陷阱死去的山女是长发肤白裸体。奥州由于气候严寒，上闭伊山中出现的女人倒是穿着衣服，只是已经残破不堪，破洞都是用树叶补上的。想必有绝大多数山人都是光着脚的，不过另外的传说里，睡在山中的大人却把竹条编的大鞋子脱在了一边。

　　除此之外，还有许多证明大人就是人类的证据。不时有人在山中发现他们的尸体。还有睡觉打呼噜的山男。近世还出现了樵夫以食物换取山男劳动的传说。若先把食物给了他们，山男就会丢下工作跑掉。据说他们不喜欢在人前行走。至于他们的无知，还有错把烧好的石灰当作年糕吃下去死掉的事来证明。

将这些故事综合起来，可以得出各处深山中都存在着少量山男这一结论。其分布范围很广，陆上和海上的迁移都不成问题。多数日本人将其归为"妖物"，对其抱有毫无必要的畏惧。而在我看来，至今仍在偏远乡村频发的神隐现象，至少有一部分是这些山男所为，天狗大人只是被冤枉的。他们也是人，也拥有强烈的生殖欲望。在实在难以忍受山中寂寞生活时，他们就会趁着黄昏到村落里捉走面容好看的少男少女，如同烧炭人下山打酒一样寻常。然而这才是最为可怕的地方，异人种根本不会关心孩子们的父母可不可怜。在乡下，一到傍晚人们就会很注意不让孩子外出。有的地方甚至连成年女性都不会在黄昏时刻出门。可以想象他们比我们更擅长在山间奔跑，可是一旦被抓走，那些男女就很难再回来，这究竟是何等的威力呢？又或者说，那些人被抓走后没多久就都死了吗？

不过还有的地区相信被神隐的人在两三年内一定会出现一次。前年我在盛冈听说了当地这几年发生的神隐。岩鹫山虽不高，却是座深山。山下的居民一直被笼罩在对这一现象的极度恐惧中。雫石的百姓家嫁女儿时，仅仅是点个火把的功夫，新娘就被从彩马上抓走了。两年后，那个被抓走的女人走进邻村酒馆里打酒，有人认出她后马上跟了出去，怎料她已经不见了踪影。我想在《珍世界》各位读者的帮助下收集这类故事。若能以此揭开旧民族的行踪，这就诚然是个很有意思的问题。

（《珍世界》明治四十二年三月刊第三号）

妖怪名汇

自从我秉着探索畏惧和信仰的关系这一想法，开始收集所谓妖怪的名字以来，至今已经过去许多年了。目前还未建立起分类方法，原因主要在于词汇不足，因此也想借助各位的记忆收集反馈。不过现在可能为时已晚了。

关于分类，我有两个计划。一是按出现的场所进行分类，大体可分为路旁、家宅、山中、水上四类。路旁最多，因此也最渺然。第二是根据信仰程度，大体来说可分为现在已经罕有坚信、逐渐呈现出故事化倾向的状态；不相信妖怪存在，但听了故事会害怕的中间状态；紧随其后的是平时予以否认，偶然目睹了不可思议之事导致思想出现倒退的状态。当然也可以根据耳、目、触感，或是综合感官来分类，但我们找不到直接的实验者，只好按顺序用这两个分类方案对大多数世间传闻进行分类排列。简而言之，这就是一份资料，虽远远没有达到解释说明的程度，但只要标明出处，想必也能给后人作为参考。

若有人知道类似的传说故事，敬请追加进来。

静饼：下野的益子地区的叫法。（《芳贺乡土研究报》）某些人会在深夜听到"咚、咚、咚"的捣年糕声从远处传来。那个声音渐渐靠近称为捣进，渐渐远离则称为捣出，静饼捣出则运势下滑。听到捣进的人只要手持簸箕迎像后方就能得到财富。也有人说那是隐乡舂米，只要听到那个声音就会发财。《摄阳群谈》摄津打出之乡的条目里亦有记载，该传说自古便在各地流传。

敲草席：夜半发出敲打榻榻米声音的妖怪。土佐人认为这是狸作怪。（《土佐风俗与传说》）和歌山附近称之为"啪嗒啪嗒"，只在冬夜里出现。《续风土记》里也记载了宇治的"回声"传说。同时在《碌碌杂谈》中也提到广岛刮风下雨的冬夜，会听到这样的声音从六丁目七拐角附近传来。那里有块人一碰就会长痣的石头，传说声音有可能是那块石头成精发出来的，于是人们又管那块石头叫"啪嗒石"。

狸鼓乐：深夜不知从何处传来的太鼓声。在东京被归入了番町七大不可思议之一。（《风俗》第四百五十八号）至今仍有听到这个声音而感到莫名诡异的人。东京的这个声音与地神乐的滑稽鼓乐很相似。加贺金泽的传说中还加入了笛声，不知其名称是什么。山里则称其为山鼓乐、天狗鼓乐等等，御神乐山就是因此得名。

小豆淘：也叫小豆洗，或小豆唰唰。有人说那是水边传来的类似淘洗小豆的声音，也有人说是有种妖怪叫这个名字，并制造出那种声音。其出没场所是有限制的，并非能够自由出现在任何地方。有的地区还认为它只会出现在大年夜（阿哲）。或是貉的行为（东筑摩），还有人认为蛤蟆会怪化为小豆磨（雄胜）。最不可思议的其实应该在于它的分布之广。西及中国，四国、九州、中部、关东、奥羽也几乎无人不知无人不晓。为何从未有人目睹，却一致将其说成淘洗小豆的声音，这点也十分奇怪。另外还有人将其称为小豆磨婆婆，或米磨婆（芳贺）。信州北佐久郡某地的水井，相传在很久以前曾有荒神大人身穿白衣出现，口中念念有词地吟唱："淘好大米食人肉吧哗啦哗啦。"一边吟唱还一边将淘洗好的大米撒到井中，至今仍留有水色发白的水井。（《口碑集》）这句话在全国各地淘洗小豆的妖怪传说中都有登场，其分布范围也很广。

洗濯狐：一入夜就来到水边，发出洗东西声音的妖怪。远州西部认为妖怪的实体是狐狸。（《静冈县传说故事集》）

算盘坊主：在路旁树荫下发出打算盘的声音，因此被称为算盘坊主。（《口丹波口碑集》）

儿啼爷：阿波山分的村落里传说居住在深山的妖怪。外形像个老爷爷，却会发出婴儿的啼哭声。也有说会变成婴儿在山中啼哭的，但似乎只是虚言。如果有人觉得可怜将其抱起，它马上就会变得格外沉重，而且黏在手上甩都甩不掉，最后便害了那人性命。这与产女和要背背的传说有些相似。木屋平的村子里用"哇哇哭来了"吓唬小孩子，说的好像也是这个儿啼爷。有人说那是常在山中徘徊并发出哇哇大哭的声音的一足妖怪，也有人说那东西一哭就会地震。

贝吹坊：传说在备前和气郡的熊山古城址出没的妖怪。声音是否如吹海螺声，这点不得而知，也没人见过它长什么样子。当地人将其称为贝吹坊。（《东备郡村志》第四卷）

虚空太鼓：周防大畠的濑户在旧历六月左右会有人听到不知从何

处传来的太鼓声。人们称之为虚空太鼓。据说过去在宫岛祭那天，有一班杂耍师在这里遭遇了船难死去，后来就有了那个声音。（《乡土研究》第一卷第五号）

川鼓：在信州小谷一带，传说川童出来抓人的两天前会举行祭典，发出那样的鼓声。人们称之为川童的川鼓，并极其畏惧。（《小谷口碑集》）

山鼓乐：传说山中深夜会不知从何处传来神乐的鼓乐声。远州阿多古称其为山鼓乐，乃狸所为。熊村则传说这种声音在白天也能听到，甚至有人声称自己目睹过狸把肚子当成太鼓来敲打。（《秋风帖》）

竹伐狸：夜晚砍竹子的声音。先是切削小竹枝的声音，然后是把竹子砍断倒下的声音。第二天去看却什么事都没有。丹波的保津村等地认为那是竹伐狸干的。（《旅途与传说》第十卷第九号）

天狗倒树：一般称为天狗倒，但陆中上闭伊郡等地称之为天狗倒树，倒树的语义不明。相传是斧头砍树的声音，还有树木倒下时带起一阵风的感觉，不过第二天一早去看却没有一棵树是倒下的。（《远野物语》）

空木倒：福岛县田村郡，以及会津都用这个名称来形容天狗倒。鹿儿岛县东部也说空木倒。出现时能听到斧头声，树木倾倒声，前者传说唯独听不到树木倒在地上的声音，后者则有全套动静，但唯独没有在圆木一端开孔穿牛绳的声音，因此能够辨明真伪。发出那种声音的地方是有条件限制的。

古杣：在土佐长冈郡山中有一种名为木杣的、被砍伐下来的树木砸死之人的灵。据说在深山中即使是白昼也能听到那个声音。一开始是山间响彻"去了去了"的喊声，紧接着是树木倾倒的嘈杂，最后是一声

巨响。可是过去一看却什么都没有。（《乡土研究》第三卷第四号）

大叫笁：肥前东松浦郡山间的传说。在山上遇到这个妖怪，对它大叫，它也会对你大叫。"笁"一词却不知是何意。山彦跟这个不同，那是山间的回声。

呼子：鸟取一带把山彦，也就是回声称为呼子或呼子鸟。（《因伯民谈》第一卷第四号）真的有人相信那种东西的存在。

山小僧：伊豆贺茂郡把山彦称为山小僧。骏河叫山婆婆，远江叫山老太。山彦这个名字指的是山男，因此源头都是一致的。此外，关东有些地方也称其为天邪鬼。天邪鬼是专门搞恶作剧捉弄人的东西，这种说法应该并非来自山中经历。有一种妖怪叫"悟"，能够读取人心，这一故事的起源很可能也是鹦鹉学舌激发的想象。

投石女：似乎与肥前江之岛所说的海姬矶女属于同一系统。五月迷雾缭绕的晚上，渔夫们打鱼时会突然听到岩石发出崩落的巨响，可是第二天过去看却没有任何变化。

芝搔：夜晚在路边扔石头的妖怪（玉名）。"芝"多半是指长满矮草的草地，"搔"则是扒拉草丛的动作，想必那妖怪也会发出那种声音吧。

撒沙婆婆：奈良县各处皆有流传。有人经过神社无人的树林阴影处时，它会撒沙子把人吓一跳。据说从未有人见过它的样子。（《大和昔谭》），却不知为何被叫作婆婆。

撒沙狸：佐渡的撒沙狸比较出名，但传说越后、津轻，以及备中阿哲郡都存在会撒沙子的妖怪。（《郡志》）越后有人说是狸干的，也有说是鼬干的。（《三条南乡谈》）筑后久留米市内，以及三井郡宫陈村等地则与佐渡一样，称之为撒沙狸。利根川中流某个堤坝旁的树上相传也发生过狸滚了一身沙子爬上去，见到人路过就摇晃身体把沙子甩下来的事。（《狸》）

祟祟岩：备前御津郡圆城村有这么一块岩石，宽五尺左右，晚上路过时会听到它发出鬼鬼祟祟的说话声。（《冈山文化资料》）

送雀：晚上走山路时"唧唧"叫着在人前人后翻飞的小鸟。（《南纪土俗资料》）也有人说那是蒿雀的叫声，不过晚上出来飞的自然不会是鸟。（《动物文学》第三卷第十三号）那智的妙法山路上以前也经常出现那种东西。纪州一般会认为送雀一叫狼就要跟过来，也有人说那是在通知人们后面有送狼尾随。（《有田民俗志》）在伊予南宇和郡有一种被称为夜雀的蛾子，有时候会乌压压地扑过来一群，让人连路都没法走。据说这个夜雀是山犬出没的前兆。（《南予民俗》第二号）

送犬：也叫送狼。相关传说在全国随处可见，但其种类则不超过三四种。狼有两种，旅犬成群结队十分可怕，送犬则会保护行人与之对抗，这属于比较好的。差的则有跟在身后见人跌倒就扑过来咬死吃掉。而在此中间，那些有幸平安回到家中的人只要扔一只草鞋和一个饭团过去感谢其相送，它就会把饭团吃掉，叼起草鞋回去（播磨加东）。就算不小心跌倒了，只要及时说一声"先抽袋烟"之类意指休息的话，它也不会扑过来。也就是说，其善意还是比加害之意要多上那么几分的。

迎犬：信州下伊那郡流传的迎犬传说更是让这种狼的性质变得愈发扑朔迷离了。它不像送狼那般跟在人后面，而是深夜在山中等着人们前来，一旦有人经过就从他头顶一跃而过，再绕到前面继续等着（下伊那）。这有可能是送犬信仰衰微后分化出来的。

送鼬：伊豆北部的传说，会在晚上尾随赶路的人，只要把草鞋扔给它就不会再跟过来。（《乡土研究》第二卷第七号）

粘先生：大和宇陀郡传说，一个人走在路上有时会突然听到身后传来尾随的脚步声。此时只要靠到路边说："粘先生，您先走。"那个脚步声就会消失。（《民俗学》第二卷第五号）

啪嚓来了：越前阪井郡传说，如果在下着雨夹雪的冬夜里走路，有时会听到背后传来"啪嚓，啪嚓"的脚步声。人们管那叫啪嚓来了。

胫擦：外形似犬，雨夜从行人小腿间擦过的妖怪（备中小田）。

足曲：据说是狸所为。无法看见实体，专门把棉花一类东西缠到行人脚上作恶。（《赞岐高松丛志》）

药罐坡：东京附近也有个名叫药罐坡的诡异地方。据说晚上一个人走在那里会看到药罐不知从何处滚出来。（《丰多摩郡志》）

板槌翻：相传出没于备前邑久郡某地的妖怪。晚上经过时会看到板槌沿着斜坡一路翻滚下来。板槌既可以指平整衣物的台子，也可以指平整衣物时使用的直柄木槌。此外还有饭碗翻滚出来的地方。（《冈山文化资料》第二卷第六号）

槌转：九州部分地区也传说小豆洗的真身是打蒿槌的形状，表面长满了毛，有人路过便会滚过去。（《乡土研究》第一卷第五号）不过那似乎是与野槌这种道旁出没的妖怪混淆了。野槌是看起来很像短柄小槌的蛇，传说会沿着道路翻滚过来袭击路人。中部地区的山地也有很多传说有野槌出没的山路（飞骑之鸟），不过我认为那是从名称里派生出来的空想。正如蛟是水灵一般，槌本来也只是山野之灵而已。关于这点早有学者指出过。可是如今这个槌形的妖怪却风靡全国，伯耆中津的山村里也有名叫槌転的蛇，专门滚到人脚下张口便咬。

横槌蛇：越后南浦原郡的堤坝上，以前有一种叫作横槌蛇的东西。它头尾一样粗，据说还是蹦跳着移动的。（《三条南乡谈》）

苞蛇：三河山村传说存在着这种蛇，也有人称其为苞子。其别称还有槌蛇或野槌，呈槌形或苞形，剧毒，被咬即死，因此人人皆惧（《三州横山话》）。也有人说当寻常的蛇弓起头颈意欲袭击时被人打死，蛇头马上会飞走，若不将其寻出来斩草除根，它以后就会变成名为苞子的蛇回来报仇（《乡土研究》第三卷第二号）。就算有人声称自己见到过，那也不是一种真实存在的动物。

柿子转：仙台传说中存在这种老柿子树怪化而成的大入道。也有人说柿子熟了不摘，树就会变成这种妖怪，因此"转"原本是指柿子翻滚的意思。

木心坊：肥后传说用椿木制成的捣杵年头久了会变成木心坊。（《民族与历史》第六卷第五号）而老椿树怪化成火球的传说在其中也有两三处记载。以前京都也曾有过这种传说，想必当时不会用这种木材做捣杵吧。

钓瓶落：近畿、四国、九州都分布着钓瓶落（或称钓瓶卸）这种妖怪在道路上出没的传说。我认为应该是刚刚开始使用水井的桔槔时，那种突然的运动给一些人留下了深刻的印象，然后才开始有了这个名称。这种妖怪的吓人之处就在于趁人不备突然从树梢等高处落下来。也有人说高大的杉树上住着鬼，会用金子做的钓瓶将树下经过的人捞上去。（《爱知县传说集》）如果只用来抓人，动用黄金未免有些夸张了。这其中或许还隐藏着别的意义。

提袋：信州大町附近曾有人见到狸提着白色口袋出现，因此人们将其称为提袋。田尾底下的饭勺转据说也是一样的妖怪。（《北安县郡乡土志稿》第七卷）

药罐吊：据说深夜穿过树林时会看到药罐从树上垂下来。（《长野附近俗信集》）

油须磨：这种妖怪出没于肥后天草岛一条名为草隅越的山路上。据说某天一个老奶奶带着孙子走过那里，想起了以前的传说，就告诉孙子这里过去曾经出现过提着油瓶的妖怪，紧接着油须磨就冒出来说："现在也会出现哦。"（《天草岛民俗志》）"须磨"一词的语意不明。

吊马：有很多地方都流传着路旁的老楸树上吊着一个马头的传说。备前邑久郡有两处，其中一处的地名就叫吊马。（《冈山文化资料》第二卷第六号）

涂壁：筑前远贺郡海岸的传说。走夜路时前方突然出现一面墙壁，无论怎么走都走不通。人们把这种吓人的东西称为涂壁。据说只要用木棍贴着下面一扫就会消失，如果敲上面则毫无用处。壹岐岛说的涂坊好像也是类似的东西。传说走夜路时会从旁边的山壁上猛地突出来。还有许多述及出现场所的相同例子。（《续方言集》）

一反木棉：大隅高山地方传说那种长得像一反棉布的妖怪会在夜晚飘飘忽忽地出来袭击人。

野衾：土佐幡多郡的传说。那东西会像一堵墙般挡在人前，上下左右都看不到尽头。只要原地坐下抽一袋烟，它就会自行消失。（《民俗学》第三卷第五号）东京等地所谓的野衾则如同鼯鼠或蝙蝠一般，会突然飞过来盖住人的眼口，这可以说是土佐的节约版。佐渡则单称其为衾，夜半会不知从何处冒出来，像一块大包袱皮一样裹住人的脑袋。无论用多么锋利的名刀都无法斩断，可是用染过铁浆的牙齿轻轻一咬就会应声而断。因此据说以前连男人都会染黑齿，实际上直到最近，岛上都还有染黑齿的男人。（《佐渡昔话》）这可真是够小心的。

白坊主：泉州至今仍残留着走夜路遇到这个妖怪的恐惧故事。有人说那是狸怪化，这当然是不确切的。狐狸则是穿蓝条纹和服出行的，因此它们也不是白坊主。

高坊主：赞岐木田郡等地广为人知的妖怪。外形是个高得离谱的和尚，出现在十字路口。阿波的山城谷称之为高入道，出现在正夫谷这个地方。据说只要居高临下地俯视它，它就会变小。（《三好郡志》）

次第高：有一种与阿波的高入道相似的妖怪，在长门各郡被叫作次第高。外形像人，若觉得它高，它就会越看越高，若看低它，就会变矮。

乘越：跟影法师类似的东西，一开始只会在眼前出现一个小小的光头，因为不太清楚，越是认真端详它就会变得越大，甚至会超过屋顶。只要一直看低它就不会有事。（《远野物语》）

覆挂：备后比婆郡等地传说的妖怪，走在路上会突然被它从身后死死裹住。

伸上：越盯着看就越往上延伸的妖怪。有人说是川獭变化而成的。

据说只要瞅准离地面一尺的位置踹一脚就能解除，也有人说只要转开目光它就会消失不见（北宇和）。这种妖怪从未有过开口说话的记录，而且并非突然冒出来，而是人们自己看到的。

见上入道：与东京等地孩童口中的见越入道一样，佐渡则多在夜路爬坡时遇到。一开始只有一个小和尚挡在前面，察觉之后抬头一看，它就会越长越高，最后向后仰倒。发现它时只要说出"见上入道被看过去啦"，它就会向前扑倒消失不见。（《佐渡昔话》）壹岐与东京一样称之为见越入道，走在夜路上会听到头上传来"哗啦啦"的竹子声。若一言不发地走过去会被倾倒下来的竹竿砸死，所以要喊一声"见越入道被看穿啦"方可通过。（《续方言集》）

入道坊主：入道坊主就是见越入道。传说三河的作手村曾经有人见到过。一开始只是不足三尺的小和尚，渐渐走近就会长到七八尺，甚至一丈高。只要抢先说"我一直看着你"，便可平安，若让对方先说，自己就会死。（《爱知县传说集》）

袖引小僧：埼玉县西部有许多村庄流传着袖引小僧的传说。傍晚走在路上会感到有人在后面扯自己的袖子，惊讶地回头一看却发现身后一个人都没有，可是一抬脚要走，又会感到有人在拉扯袖子。（《川越地方乡土研究》）

置行堀：川越地区也有叫置行堀的地方。在那里钓鱼会收获颇丰，可是在离开时却会听到不知从何处传来"放下再走，放下再走"的叫声。那个声音在把钓到的鱼全部放回去之前都不会停止。本所七大不可思议的置行堀虽已不清楚究竟要放下何物，但原本应该也是鱼类。

负石：根据地域不同也被称为"背背石"或"负石"等等。路旁的岩石会突然开口要人背。德岛郊外的负石传说中曾有一位力士答应下来将其背起，结果石头变得越来越重。力士把它往地上一摔，裂成了两半，从此它就再也不会说话了。那块裂开的石头后来也在路旁躺了很久。（《阿波传说物语》）这与过去有位老实大爷回答"要背就上来吧"，转眼背上就多了一箱大小金币属于同一系列的故事，其实并不算可怕。

杓子岩：位于作州箱村箱神社近旁的杓子岩传说。夜间有人路过时，它会伸出勺子说："给我味噌。"因此而得名。（《苦田郡志》）想必没几个人会随身带着味噌出门，可以推测这块岩石以前曾有人用味噌供奉过。

火取魔：本志只收到过来自加贺山中温泉的一例关于火取魔这种妖怪名称的报告（《民间传承》第三卷第九号），可是路边藏着坏心眼的狐狸，专门取走烛火这一类的传说则随处可见。到底是这种兽类喜食蜡烛，还是像石川县传说的那样用妖力使烛光变细呢，我很想核实一番。

火贷：三河北设乐郡传说某些地方路旁会有问人借火的妖怪出没。过去有个名叫鬼久佐的大力男子走在夜路上，他前面的短发女童突然转过来问他借火。他举起烟管正要打过去，自己反而先倒下了。相传那个女童其实是渊神之子。（《爱知县传说集》）也有与此相反的，人走在夜路上会突然不知从哪里冒出灯笼一样的火光一路相送。走到某个村子的老楸树下就消失了。于是人们把那棵树砍了，之后就再也没有遇到过那样的火光。

蓑虫：越后较为有名的路妖，也有人说那是鼬的妖术。下着小雨的晚上会突然有火光出现在蓑衣边缘，越拍越多，直至覆盖全身。可是一点都不烫。（《西颈城郡乡土史》第二稿）信浓川流域也很盛行这个传说，有人称其为蓑星。就算很多人在场，也只有其中一个会被缠上，其他人则无法看见。（《井上氏妖怪学》第四百七十九页）有人推测那是误将雨滴看成了火星。（《三条南乡谈》）越前坂井郡也有说雨夜走在野外时，斗笠正面会垂下一滴特别大的水珠。用手打散就会滑到旁边，不一会儿又垂下来一滴，紧接着数量越来越多，连视线都遮挡住。据说那是狸所为，比较稀奇的是这不会发生在木工和石匠身上。（《南越民俗·二》）秋田县仙北地区所谓的蓑虫是寒冷干燥的晴天，粘在蓑衣和被子边角上闪闪发光，怎么拍都拍不掉的东西，因此可知那并不是火。（《旅途与传说》第七卷第五号）《利根川图志》提到了印旛沼的川萤，因为是夜间出没，所以看起来像火。有人说它与越后的蓑虫是同一种东西。

狐火把：似乎与狐火是同一种东西。在羽后的梨木场村，相传只要村中有什么好事，在那之前就会出现许多狐火把。（《雪之出羽路》《平鹿郡·十一》）为什么人们会认定那是狐狸的火把，我倒是认为这点更加不可思议。中部地区一般都把它说成狐狸出嫁，想必是因为火光的行列很像出嫁的排场，却不曾听说周围有谁家要嫁女儿，因此才做出这种想象吧，更进一步说，还有许多传说提到狐狸变成了送嫁的人，或者对送嫁的人施了障眼法等等。

天火：这是一种几乎无主的妖火，大如灯笼火，不像人玉一样拖着小尾巴。肥后玉名郡传说那东西落到屋顶上，家中就会发生火灾（《南关方言集》），而在肥前东松浦的山村，人们相信那东西一进屋就会有人生病，因此要敲着钲把它赶出去。也有人认为那只是天气会变好的征兆。

飞物：光物在中世被用来指代各种妖火。其中还包括流星。也有人把离得较近的称为飞火。茨城县北部现在称其为飞物。传说是蒟蒻球变成飞物发出火光四处乱飞。也有人说山鸟夜晚飞翔时发出的微光会被误认为飞物。京都原来也有古椿树根部发光飞起来的传说。

渡火杓：丹波知井的山村将光物分为三种，一种是天火，一种是人玉，剩下的一种便是通体莹白，称勺子状在空中飘飞的渡火杓。名字由来一目了然，但由什么变成却不得而知。

通津：暴风雨中现出的妖光被称为通津。（《土佐方言研究》）

去吧坊：伊势度会郡管鬼火叫去吧坊。由于其他地方未曾听说过这种叫法，故无法想象其名称由来。

鬼火：萨摩的下甑岛把火球叫成这个。据说是大火球分裂而成的。鬼火这个汉语词不知何时也传播到了这种偏远地方。

怪火：土佐特别多关于这个的传说。大都将其解释为人类怨灵所化。（《土佐风俗与传说》）据说敲三下竹皮草鞋，再稍加呼唤它就会飘过来。（《乡土研究》第一卷第八号）也有人说往草鞋底吐一口唾沫就能把它招来。（《民俗学》第三卷第五号）起初应该是告诫人们举止不可无礼的意义。佐渡的外海村也用怪这个词指代人魂。

遗念火：冲绳把亡灵称为遗念，因此也有许多关于遗念火的传说。（《山原土俗》）其中有两点值得注意，一是遗念火大都与土地相连，无法自由飘到远方，二是男女两种灵火通常会结伴出现。这样的说法在其他府县也常有耳闻，应是一种较为古老的形态。不过另有一种现在所谓的亡灵火，那专指海上出现的妖火，出现时成群结队，移动范围也很广。

太比火：传说出现在备后御调郡海上的妖火，由于火球的数量都是两两成对，其名称应该是源自于"比火"《艺藩通志》第九十九卷对此有所记载，但最近似乎很少有人提起了。艺备边界的航线上还有名为京女郎和筑紫女郎的两块妇人形状的岩石传说，可以想象那是从过往船只的信仰而来的。

锵锵火：奈良县中部有许多关于这种妖火的传说。有人说它因为飞舞时会发出"锵锵"声而得名。还说火有两个，可是永远都无法碰到彼此，衍生而来的乙女夫川、打合桥的传说如今已经随处可见。（《旅途与传说》第八卷第五号）传说柳本十市城主的怨灵之火又被称为"唉唉火"，只要人们朝着城址所在的山上"唉唉"叫上两三声，它一定会"锵锵"地飞过来，而见到它的人都会得病。（《大和传说》）想必没什么人会去积极尝试，不过直到现在这个传说都很有名。

坊主火：加贺鸟越村有种很出名的妖火叫坊主火。传说以前有个卖油的男人使坏心眼把顶髻油涂到量斗的边角上玩短斤缺两的把戏，结果事后候遭到报应变成了这种火。（《能美郡志》）不过若原型是卖油人，将其称为坊主便有些奇怪。

油坊：近江野洲郡一个叫欲贺的村子里，有种春末到夏季会在夜间出没的妖火，人们称之为油坊。据说是因为火焰中会出现许多僧侣的影子而得名。也有人传说过去在比叡山偷灯油钱的和尚死后就变成了这种妖火。（《乡土研究》第五卷第五号）传说中经常还会提到河内枚冈神社附近有个老太太正要生火时却被那个妖火把油给偷走了。这或许是民间的松脂火把进化为灯火的时代十分盛行的空想流传到现在所残存的几许火星吧。越后南浦原的某个旧家还传说过去家中有个叫还油的妖怪，只要家里的人浪费油，它就会跳出来叫唤"把油还回来"。（《三条南乡谈》）虽不是鬼火，但似乎与这个有点关系。以前人们还不会榨菜籽油，都是用的麻油。因此油在那个时候远比现在要贵重得多。

权五郎火：越后本成寺村有个赌徒叫五十野权五郎，他被杀死后，遗念变成了这种妖火在村中某处燃烧。现在附近的农家都把它当成了下雨的征兆，见到火燃起来就赶紧把晒谷的架子收回去。（《三条南乡谈》）

筬火：日向延冈附近有个三角池，雨夜会出现两簇名为筬火的妖火，直到明治中期还时不时有人看到。传说从前有两个女人争论其中一方到底有没有归还另一方的筬，最后双双落入池中淹死了。直至今日那里还会冒出两团火焰争执不休。（《延冈杂记》）两团火一起出现的传说在名古屋附近也有流传。那里将其称为勘太郎火和它的老母亲。

金神火：伊予的怒和岛传说大年夜深夜曾经有人看到氏神大人身后吊着灯笼火一样的火球，还听到了类似哭声的声音。老人们都说那是岁德神降临。肥后的天草岛上，大年夜会出现名为金主的妖怪。据说与它角力获胜就能发大财，也有人说它出现时打扮得像个武士。（《民俗志》）在许多地方似乎都有这样的故事。比如夜半会看到许多载货在火把的照明下通过，若能趁机牵走领头的马就会发现上面驮的都是黄金，

就算一时反应迟钝只牵到了第三匹马，也会发现它驮的货全是铜币，还是能发一笔不小的财。（《吾妻昔物语》）

夜行老爷：《民间传承》也曾记载过阿波的夜行老爷这个鬼的传说。（第三卷第二号）据说那是节分时出没的独目鬼，虽然现在只有小孩子还能被它吓唬住了，但以前除了节分、除夕、庚申之夜外，还有夜行日这么一个日子。相传夜行老爷会在这天骑着无头马到路上徘徊。若有人撞见，就会被举起来摔死，或直接被马踢死。但只要头顶草鞋俯伏在地就能平安。（《土铃》第十一号）夜行日应该就是《拾芥抄》里的百鬼夜行日。一般都根据月份定为正月子日、二月午日、三月巳日这样的日子。

无首马：传说出现首无马的地方在越前福井，而壹岐岛也出现过无首马。四国则不仅是阿波，其他地方也都有传说。有人说那是神明的坐骑，有人说只有一匹马出现，还有人说只有一个马头在空中乱飞的。

示现诸相中，尤其是那些信仰者最为稀少的妖怪传说，若不收集真实的言语，就无从把握其形态，因此我希望能够借助各位的力量，尽量多收集一些妖怪名称和说明。由于这项工作旷日持久，今后必定会出现中断的时期，可中断并不意味着停止收集。我希望各位能够将其整理为五十音顺序，并不断补足新的资料。

（《民间传承》昭和十三年六、七、八、九、十月，十四年三月刊第三卷十、十一、十二，第四卷一、二、六号）

图书在版编目(CIP)数据

妖怪谈义 / (日) 柳田国男著 ；吕灵芝，张琦译
. -- 重庆：西南师范大学出版社，2017.3
（柳田国男选集）
ISBN 978-7-5621-8195-8

Ⅰ . ①妖… Ⅱ . ①柳… ②吕… ③张… Ⅲ . ①神－民
间文化－文化研究－日本 Ⅳ . ① B933

中国版本图书馆 CIP 数据核字 (2017) 第 049242 号

妖怪谈义
YAOGUAI TANYI

[日] 柳田国男（やなぎたくにお）著　吕灵芝　张琦　译

出 品 人：米加德
总 策 划：卢 旭　彦吴桐
责任编辑：张昊越
特约编辑：刘 杨　沈琳彦
装帧设计：谷亚楠　朱海英　陈雅欣
出版发行：西南师范大学出版社
　　　　　重庆市北碚区天生路2号　邮编：400715
　　　　　http://www.xscbs.com
　　　　　市场营销部电话：023-68868624
印　　刷：重庆荟文印务有限公司
字　　数：147千字
开　　本：890mm×1240mm　1/32
印　　张：6.75
版　　次：2017年7月第1版
印　　次：2017年7月第1次
书　　号：ISBN 978-7-5621-8195-8

定　　价：32.00元

读者 Readers 回函表
WIPUB BOOKS

姓名：＿＿＿＿＿ 性别：＿＿＿ 年龄：＿＿＿ 职业：＿＿＿＿ 教育程度：＿＿＿

邮寄地址：＿＿＿＿＿＿＿＿＿＿＿＿＿＿＿＿＿＿＿＿＿ 邮编：＿＿＿＿＿

E-mail：＿＿＿＿＿＿＿＿＿＿＿ 电话：＿＿＿＿＿＿＿＿＿＿＿

您所购买的书籍名称：《妖怪谈义》

您对本书的评价：

书名：	□满意	□一般	□不满意	故事情节：	□满意	□一般	□不满意
翻译：	□满意	□一般	□不满意	书籍设计：	□满意	□一般	□不满意
纸张：	□满意	□一般	□不满意	印刷质量：	□满意	□一般	□不满意
价格：	□便宜	□正好	□贵了	整体感觉：	□满意	□一般	□不满意

您的阅读渠道（多选）：□书店 □网上书店 □图书馆借阅 □超市/便利店
□朋友借阅 □找电子版 □其他＿＿＿＿＿＿

您是如何得知一本新书的呢（多选）：□别人介绍 □逛书店偶然看到 □网络信息
□杂志与报纸新闻 □广播节目 □电视节目 □其他＿＿＿＿＿＿

购买新书时您会注意以下哪些地方？
□封面设计 □书名 □出版社 □封面、封底文字 □腰封文字 □前言后记
□名家推荐 □目录

您喜欢的书籍类型：

□文学-奇幻小说 □文学-侦探/推理小说 □文学-情感小说 □文学-散文随笔
□文学-历史小说 □文学-青春励志小说 □文学-传记
□经管 □艺术 □旅游 □历史 □军事 □教育/心理 □成功/励志
□生活 □科技 □其他＿＿＿＿＿

请列出3本您最近想买的书：＿＿＿＿＿＿、＿＿＿＿＿＿、＿＿＿＿＿＿

请您提出宝贵建议：＿＿＿＿＿＿＿＿＿＿＿＿＿＿＿＿＿＿＿＿＿＿
＿＿＿＿＿＿＿＿＿＿＿＿＿＿＿＿＿＿＿＿＿＿＿＿＿＿＿＿＿＿＿＿＿＿

★感谢您购买本书，请将本表填好后，扫描或拍照后发电子邮件至wipub_sh@126.com
和xscbsr@sina.com，您的意见对我们很珍贵。祝您阅读愉快！

图书翻译者征集

为进一步提高我们引进版图书的译文质量，也为翻译爱好者搭建一个展示自己的舞台，现面向全国诚征外文书籍的翻译者。如果您对此感兴趣，也具备翻译外文书籍的能力，就请赶快联系我们吧！

您是否有过图书翻译的经验：□有（译作举例：_____）

　　　　　　　　　　　　　□没有

您擅长的语种：□英语　□法语　□日语　□德语

　　　　　　　□韩语　□西班牙语　□其他_____

您希望翻译的书籍类型：□文学　□生活　□心理　□其他_____

请将上述问题填写好、扫描或拍照后，发电子邮件至wipub_sh@126.com和xscbsr@sina.com，同时请将您的译者应征简历添加至邮件附件，简历中请着重说明您的外语水平等。

期待您的参与！

西南师范大学出版社
上海万墨轩图书有限公司

更多好书资讯，敬请关注

万墨轩图书　　　　西南师范大学出版社

文学 · 心理 · 经管 · 社科

艺术影响生活，文化改变人生